Alfonso el Sabio

Las Siete Partidas

Compilación de Antonio

García Solalinde

Barcelona **2024**
Linkgua-ediciones.com

Créditos

Título original: Las siete partidas.

© 2024, Red ediciones S.L.

e-mail: info@Linkgua-ediciones.com

Diseño de cubierta: Mario Eskenazi.

ISBN rústica: 978-84-9816-719-1.
ISBN ebook: 978-84-9953-290-5.

Sumario

Brevísima presentación

La vida

Alfonso el Sabio (Toledo, 1221-Sevilla, 1284). España.

Hijo de Fernando III el Santo y de Beatriz de Suabia, extendió el reino de Castilla con la toma a los musulmanes de Murcia, Alicante y Cádiz; y en 1260 conquistó y destruyó Rabat.

Casado en 1246 con Violante de Aragón, hija de Jaime I el Conquistador, tuvo diez hijos. Tras la muerte en 1275 de su primogénito y heredero al trono, don Fernando de la Cerda, Alfonso defendió los derechos sucesorios de su nieto y se opuso a su hijo Sancho el Bravo, quien reclamó la sucesión para él.

Alfonso el Sabio fomentó la primera normalización ortográfica del castellano, idioma que adoptó como oficial, y fundó la Escuela de traductores de Toledo que reunió a estudiosos cristianos, judíos y musulmanes que tradujeron a las lenguas occidentales importantes textos de la antigüedad.

La ley

Las siete partidas, inspiradas en el derecho romano de Justiniano, fueron la base del pensamiento jurídico español en el bajo medioevo. Algunos estudiosos cuestionan que Alfonso el Sabio haya sido el autor del presente texto. En todo caso se sabe que al menos supervisó su redacción y parece posible que en la escritura del mismo participase una comisión de juristas nombrada a tal efecto.

En este libro se regulan las relaciones entre los hombres y la divinidad; y cuestiones como el matrimonio, los juramentos, los retos y las relaciones entre cristianos, musulmanes y judíos son aquí normalizadas en un corpus jurídico.

Partida primera

Título 1. Que habla de las Leyes

A servicio de Dios y por comunal de todos hacemos este libro porque los que lo leyeran hallasen en él todas las cosas cumplidas y ciertas para aprovecharse de ellas, y repartimos en títulos, que quiere decir tanto como suma de las razones que son mostradas y en estas razones se muestran las cosas cumplidamente según son y por el entendimiento que tienen son llamadas leyes. Las gentes ladinas llaman leyes a las creencias que tienen los hombres, y cuidarían que las de este libro no hablasen sino de aquellas, por ello, por sacarlos de esta duda, haremos entender qué leyes son estas.

Ley 1

Para establecer de cómo los hombres han de creer y guardar la fe de Jesucristo, así como ella es, y otrosí de cómo sepan vivir los unos con los otros bien y ordenadamente según el placer de Dios y otrosí, según conviene a la vida de este mundo, viviendo en derecho y en justicia.

Ley 2

Ius naturale quiere decir en romance como derecho natural tienen en sí los hombres y aun los otros animales con sentidos. Otrosí ius gentium en latín quiere decir como derecho común a todos, el cual conviene a los hombres y no a los otros animales porque los hombres no podrían vivir entre sí en paz, sino usasen de él, pues este derecho cada hombre conoce lo suyo y le son repartidos los campos y los términos de las villas. Y otrosí son los hombres todos para loar a Dios y obedecer a sus padres y a sus madres y a su tierra, que en latín se llama patria. Y otrosí consiente este derecho a que cada uno se pueda amparar contra aquellos que deshonra o fuerza le quisieren hacer. Y aun más, toda cosa que haga por defenderse de la fuerza que quieran hacer contra su persona, que se entienda que lo hace con derecho.

Ley 3

Las leyes son unas en cuanto a derecho, de dos maneras se reparten en cuanto a razón; la una es en favor de las almas, la otra es en favor de los cuerpos; la creencia religiosa y la buena vida: y de cada una diremos como se deben hacer; y por estas dos se gobierna todo el mundo, las dos tienen premio y escarmiento según merecimiento de los hechos. Por esa razón mandamos a poner en este libro tanto el galardón por el bien, como el escarmiento por el mal.

Ley 4

Ley quiere decir leyenda, enseñanza y aviso que apremia la vida del hombre a no hacer el mal y que muestra lo que un hombre debe hacer y usar, y otrosí es dicha ley porque los mandamientos deben ser leales y derechos y cumplidos según Dios y justicia.

Ley 5

Las virtudes son de siete maneras; 1. es creer; 2. es ordenar las cosas; 3. mandar; 4. juntar; 5. premiar; 6. prohibir; 7. castigar. El que quiera seguir estas leyes debe considerarlas hasta entenderlas, para que halle lo que dijimos y recibirá por ellos beneficios, será más entendido, las aprovechará más y mejor; quien lea y no las entienda es como si las menospreciara, y otrosí, tal como si soñara y cuando despierta no la halla de verdad.

Ley 6

Estas leyes se tomaron de las palabras de los santos que dijeron lo que le conviene a bondad del cuerpo y a salvación del alma, la otra de los dichos de sabios que dicen sobre las cosas naturales, como se ordenan los hechos del mundo, de como se hagan de bien y con razón.

Ley 7

A Nuestro Señor Jesucristo pertenecen las leyes que hablan de la fe y unen al hombre a Dios con amor, por derecho conviene amarlo honrarlo y temerlo, por su bondad y por el bien que nos hace. Al gobierno de los hombres pertenecen las leyes que los unen por amor, y esto es derecho y razón, de estas dos cosas sale la justicia que hace a los hombres vivir como les conviene y sin motivo para desamarse, sino para quererse bien, estas leyes juntan las voluntades de los hombres por amistad.

Ley 8

Las leyes han de ser cumplidas y cuidadas y miradas para que sean hechas con razón y las cosas hechas según naturaleza; las palabras de las leyes han de ser claras para que todo hombre las entienda y guarde en su memoria: Otrosí deben ser sin escasez y sin punto para que los hombres del derecho saquen razones torcidas por su maldad, y muestren la mentira por verdad y la verdad por mentira.

Ley 9

Dijimos en la ley antes de esta que las leyes deben ser cumplidas y otrosí debe ser muy escogido el derecho que en ellas sea puesto antes de ser publicadas a las personas, sin yerro y al servicio de Dios y bien de los que por ellas se dejaran guiar, deben guardar cuando las hicieren que no hay ruido que estorbe y en consejo de hombres leales, sabios entendidos y sin codicia, que conozcan bien lo que hay que hacer con el derecho, la justicia y el bien pro comunal de todos.

Ley 10

Lo que traen las leyes a los hombres es un gran favor y maravilla pues ellas muestran conocer a Dios y conociéndolo es la manera de amarlo y de temerlo. Otrosí enseñan como conocer a sus señores y a sus mayores naturales y como deben ser obedientes y leales. Y, muéstranles conocerse a sí mismos, con como sepan tratar su hacienda cuerdamente, haciendo el bien y evitando hacer el mal. Otrosí, enseñan como se amen unos a otros, queriendo cada uno su derecho, guardándose de no hacer lo que no querría que le hiciesen a él, conociendo y guardando estas cosas vivirán en paz, derechamente y con holgura aprovechando cada uno lo suyo y complaciéndose se enriquece la gente, crece el señorío, se frena la maldad y se refuerza la bondad.

Ley 11

El que hace las leyes debe amar a Dios, y temerle y tenerlo ante sus ojos mientras las hace, para que sean derechas y cumplidas, debe amar la justicia y el pro comunal de todos y entender del derecho del tuerto y no debe tener vergüenza en mudar o enmendar sus leyes, cuando otros le mostraran la razón para hacerlo pues gran derecho es el de enderezar cuando erraren los demás, que lo sepa hacer consigo mismo.

Ley 12

El emperador o el rey pueden hacer leyes sobre gente de su señorío y ningún otro tiene poder de hacerlas en lo temporal, solo si lo hiciera en su otorgamiento; y las que de otra manera son hechas no tienen nombre ni fuerza de leyes, ni deben valer en tiempo alguno.

Ley 13

Las leyes se deben entender derechamente con el verdadero entendimiento de su parte más sana y provechosa según las palabras y razones que presenten. Y por esta razón no se deben escribir abreviaciones ni menguar en razones para que los hombres caigan en yerro, sino según la letra, no son para aprender y decorar, sino para saber su entendimiento.

Ley 14

Lo que es señorío del hacedor de las leyes y sobre quienes él pone tienen que obedecerlas, guardar y juzgarse por ellas y no por otro escrito de otra ley hecha en ninguna manera. Y el que la ley hace tiene que hacerla cumplir. Y eso mismo decimos de los que fuesen de otro señorío, que hiciesen pleito o postura o yerro en la tierra donde se juzgasen por las leyes, ya que siendo de otro lugar no puede ser excusados a sus mandamientos, si el yerro lo hiciesen donde ellas tienen su poder.

Ley 15

El rey debe guardar las leyes a su hechura y a su forma, porque recibe poder y razón para hacer justicia; y si él no las guardase, vendría contra su hecho y las desataría y de ello le vendrían dos daños: uno, desatar tan buena cosa, otro, que se tornaría comunal de todo el pueblo, y esto lo envilecería a sí mismo y se le tendría por de mal seso, sus mandamientos serían menospreciados. Las debe guardar el pueblo como a su vida y provecho de lo que tienen, y si no lo hiciesen mostrarían que no quieren obedecer a Dios ni al señor temporal e irían contra ellos, entrando en caminos de muerte: 1. por desmandamiento; 2. por osadía; 3. por maldad, demostrando que les placería más el mal que el bien. Por eso nadie puede ser excusado ni por razón de creencia ni de linaje, ni de poder ni de honra ni para demostrarse vil en su vida. Y otrosí, lo que toca a los reyes y a los grandes señores es como deben hacer para enderezar su señorío y otrosí, a los de la tierra cuyo es el pro comunal y cada uno recibe su parte de él, nadie puede ser excusado de no obedecerlas y guardar.

Título 2. Que habla del uso y de la costumbre en qué manera debe ser

Ley 1

Uso es lo que nace de aquellas cosas que un hombre dice o hace y que siguen en el tiempo y sin ningún problema.

Ley 2

Se debe hacer el uso de manera que a pro comunal y sin daño y no a escondidas, sino de manera que se sepa y se satisfagan de ellos los conocedores de derecho y razón.

Ley 4

Se llama costumbre al derecho o fuero no escrito, el cual han usado los hombres largo tiempo ayudándose de él en las cosas y en las razones por las que lo usaron. Tres son las costumbres; 1. aquella que es sobre el lugar o en persona cierta; 2. tanto en personas como en lugares y 3. sobre hechos señalados que hacen los hombres que se hallan bien y están firmes.

Ley 5

Pueblo quiere decir ayuntamiento de gentes y de la forma de aquella tierra donde se allegan, y de esto no sale hombre ni mujer, ni clérigo ni lego. Y tal pueblo como este o la mayor parte de él, si usaren diez o veinte años hacer alguna cosa como en manera de costumbre, sabiéndolo el señor de la tierra y no contradiciéndolo y teniéndolo por bien, puedénlo hacer y debe ser tenido y guardado por costumbre, si en este tiempo mismo fueren dados concejeramente de treinta juicios arriba por ella de hombres sabios y entendidos en juzgar y no habiendo quien los contraríe. Otrosí decimos que la costumbre que quiere el pueblo poner y usar de ella, debe ser con derecha razón y contra la ley de Dios, ni contra señorío; ni contra derecho natural, ni contra procomunal de toda la tierra o del lugar donde se hace. Y débenla poner con gran consejo, no por yerro, ni por antojo, ni por otra ninguna cosa que les mueva, sino por derecho y razón y pro, pues si de otra manera la pusiesen, no sería bueno, sino sería en daño de ella y de la justicia.

Ley 8

Fuero es cosa en que se encierran estas dos maneras que hemos dicho, uso y costumbre, que cada una de ellas ha de entrar en el fuero para ser firme, el uso, porque los hombres se hagan a él y lo amen, y la costumbre, que les sea así como en manera de herencia para razonarlo y guardarlo, pues si el fuero es hecho como conviene, de buen uso y de buena costumbre, tiene tan gran fuerza que se vuelve a tiempo así como ley, porque se mantienen los hombres y viven los unos con los otros en paz y en justicia Y por eso tiene este nombre: fuero porque no se debe decir ni mostrar a escondidas, sino que en las plazas y por los otros lugares a quienquiera que lo quiera oír.

Ley 9

Los hombres deben honrar las leyes de dos maneras; la una por la honra que hay en aquellos que la tienen, la otra, por el bien que le puede venir de ellas al que honra aquella cosa de la que puede ser honrado. Y porque estas dos cosas ocurren en las leyes, por eso las deben honrar pues aunque uso y la costumbre pueden hacerlas menguar y quitarlas del todo, según que dijimos antes, y otrosí comoquiera que estos derechos se tornen unos en otros así como saliendo del uso, costumbre, y de la costumbre, fuero, y del fuero, costumbre; y de la costumbre, uso, aún más la ley tiene estas honras señaladas además de estas otras: pues después que la ley es hecha, ha de ser fuero concejero y publicado. No se debe juzgar por entendimiento de hombres de mal seso, ni por hazañas, ni por albedrío, sino cuando viniese a menos la ley en lugares, o la hubiesen de enmendar o hacer de nuevo, pues entonces hay que dirigirla a hombres entendidos y sabios para albedriar y ver toda cosa mejor se pueda hacer o enmendar con más razón. Porque es cosa cierta, y nadie no puede decir otra cosa y que por esta razón ella es honrada, por ellos los que la guardan y la honran son para por ella más honrados. Y esta honra es tan cumplida que desde el rey hasta el menor hombre de la tierra, cada uno encuentre allí derecho y como debe ser honrado. Y es porque la letra no falte a uno ni a otro, que tanto muestra la razón por el menor hombre de la tierra, cada uno encuentre allí derecho y como debe ser honrado. Y esto es porque la letra no falte ni a uno ni a otro, que tanto muestra la razón por el mayor como por el menor, pues de una manera lo halla el loco y el cuerdo, y el de mal entendimiento y el de bueno, y el que es bien razonado y el que no lo es, y no miente a ninguno por amor ni por desamor, ni por promesa ni por amenaza. Y esta escritura de las leyes posee una honra muy grande en la que entran cuatro cosas: 1. que la deben hacer hombres sabios y entendidos; 2. que ha de ser hecha de muy buenas palabras y muy escogidas, 3. que se hagan siempre con mandado de los más honrados señores en quienes está el poder y la honra de mandar y de hacer, y otrosí, porque en ella habla de nobles hechos y honrados más que todas las otras escrituras; y 4. porque es escrita y no puede caer en olvido de los hombres por mal seso ni por tiempo, ni otrosí no debe ser derogada del todo. Pero si algunas hubiera que no sean buenas, si fueren de enmendar, que se enmienden, y si fueren para derogar, que pongan otras en su lugar antes que las deroguen.

Título 3. De la Santa Trinidad

Ley 1

Artículos son las razones ciertas y verdaderas que los Apóstoles ordenaron y pusieron en la fe por la gracia del Espíritu Santo, que Jesucristo envió a ellos. Y estos artículos todo cristiano los debe saber y creer y guardar verdaderamente para tener la creencia de Jesucristo verdadera y cumplida, y salvarse por ella. Y de estas palabras fue hecho el Credo in Deum, que llaman símbolo, que quiere tanto decir como bocados. Y esto es porque cada uno de los apóstoles dijo por sí su palabra cierta en como creían, y juntadas todas en uno está allí la creencia de Dios cumplida, y por eso le llaman Credo in Deum. Y lo que cada uno dijo es esto: San Pedro dijo; creo en Dios Padre, poderoso, criador del cielo y de la tierra. San Juan dijo: Y en Jesucristo, su hijo uno, que es nuestro señor. Santiago, hijo del Zebedeo, dijo: que es concebido de Espíritu Santo y nació de María Virgen. San Andrés dijo: que recibió pasión en poder de Poncio Pilatos y fue crucificado y muerto y soterrado. San Felipe dijo: que descendió a los infierno. Santo Tomas dijo: y al tercer día resucitó de entre los muertos. Y San Bartolomé dijo: Y subió a los cielos y está sentado a la diestra de su Padre verdadero sobre todas cosas. San Mateo dijo: Y vendrá de allí a juzgar a los vivos y los muertos. Santiago Alfeo dijo: Creo en el Espíritu Santo. Y San Simón dijo: Y en la santa iglesia católica, ayuntamiento de los santos. Y Judas Jacobo dijo: Y redención de los pecadores. San Matías dijo: Y resurrección de la carne y vida perdurable para siempre. Y son llamados artículos, que quiere tanto decir como artejos, que así como en las coyunturas de las manos y de los pies hay artejos que hacen dedos, y los dedos hacen manos, así estas palabras del Credo in Deum, que son cada uno de por sí como artejo, juntándolas todas en uno hacen una razón, que es así como mano, en que se comprehende la creencia toda.

Título 4. Que habla de los sacramentos de la Iglesia

Todo cristiano para conocer a Dios y ganar su amor debe tener en sí dos cosas: la una, la fe católica, que debe creer según en estas leyes antes fue dicho, la otra, los sacramentos de la santa Iglesia, que debe recibir según en estas leyes demostramos, pues bien así como alma y cuerpo es hombre cumplido, y Jesucristo es hombre y Dios, así el que cree en la fe católica y recibe los sacramentos tiene el nombre de cristus, y es cristiano acabado. De estos debe recibir todo cristiano los cinco por fuerza de ley pudiéndolos haber, y los dos por voluntad. El 1. es bautismo, el 2. confirmación, 3. penitencia, 4. comunión, 5. unción que hacen a los enfermos cuando entienden que está cerca el fin. Y los otros dos son de voluntad: casamiento y orden, y ninguno debe ser apremiado a recibirlos, si no quiere.

Ley 14

Las palabras que más fuerza hicieren en el bautismo son estas que dijimos en la ley antes de esta, cuando bautizan en el nombre del Padre y del Hijo y del Espíritu Santo, pues por estas santas palabras se acaba todo el hecho de Dios en todas las maneras que hombre no podría pensar ni decir, y toda la fuerza del bautismo: las unas antes que lo hagan, y las otras, después. Las de primero son cuando llevan al que ha de ser bautizado a la iglesia, y en la puerta, antes que entre, se para el sacerdote con el preguntándole qué quiere ser; y los padrinos han de responder que cristiano. Y luego el clérigo debe preguntar que como quieres hacer nombre, y los padrinos deben decir aquel nombre que quieren que tenga. Y entonces ha de preguntar el clérigo qué es lo que pide a la Iglesia, y él los que han de responder: «vida perdurable» y esta es la vida perdurable «que conozcas que es un solo Dios vivo y verdadero que envió al mundo a Jesucristo su hijo, que con aquel su Padre y el Espíritu Santo vive y reina por siempre jamás» entonces el sacerdote débele soplar tres veces en la cara diciéndole así contra el diablo: «Sal espíritu sucio, de él y da lugar a Dios que viene a este con Espíritu Santo, enviado en el nombre del Padre y del Hijo y del Espíritu Santo» Y esa hora hágale el sacerdote una cruz con el pulgar diestro en la frente diciéndolo: «Esta señal de la cruz de Jesucristo pongo en tu frente» Y débele luego hacer otra cruz en las espaldas diciéndole lo mismo. Y debe allí decir esta oración en que ruega a Dios que se digne mirar a aquel siervo suyo, el cual está dispuesto a recibir las enseñanzas de la fe, quitándole las durezas del corazón y las vejeces de no creer, rompiéndole los lazos del diablo Satanás con que estaba atado. Y esto dicho, debe el sacerdote tomar la mano del que ha de ser bautizado, y meterlo en la Iglesia diciéndole esta oración, que ruega a Dios que le abra la puerta de su piedad... Y cuando esta dijere esta plegaria débele hacer una cruz con el pulgar en la frente y decir esta otra oración, rogándole a Dios que Él, que fue y es hacedor del humanal linaje, que sea otra vez reformador de él y que tenga en su voluntad a los pueblos deseados que escogió porque sean escritos en el linaje del Nuevo Testamento; así que lo que no pudieron recibir por naturaleza, que lo reciban por gracia. Y entonces el clérigo ha de meter sal en la boca del que bautizan.

Ley 59

Arrepentimiento tanto es como tener hombre por mal la cosa que ha hecho sin gusto, y tener voluntad para partirse de ella, Y por esto en latín dice el que se arrepiente: poeniteo, que es «yo me arrepiento y duélome desta cosa y quiérome partir de ella y estoy preparado para sufrir la pena que por ello me dieren». De donde del arrepentimiento que se hace con dolor del mal que hizo, y de la pena que toma para enmendarlo, nace el nombre penitencia.

Ley 62

Hay tres maneras de pecados sobre los que estableció la Iglesia que fuese hecha penitencia. La primera es llamada venial, pues venial tanto quiere decir en latín «pedir perdón», y comoquiera que en todas tres convenga hacer esto, sobre esta señaladamente cae más esta palabra que sobre las otras, porque rogando a Dios y haciendo penitencia, ligeramente puede de éste ganar perdón. Y esto sucede porque es de los malos pensamientos en que un hombre está. La segunda es llamada criminal que quiere decir «yerro de culpa» y este es peor que el venial, tanto cuanto ha de cuidar el pecador, y ha de buscar camino para hacer lo que cuidó, trabajándose en cumplirlo. La tercer llaman mortal, porque ella hace al hombre cumplir de hecho los pecados que son como muerte del alma.

Ley 72

Y si se hiciese como conviene, pusieron que el que se viniese a penitenciar, que lo hiciese con gran humildad, hincando los hinojos ante el penitenciador, o asentándose a sus pies, o tendiéndose ante él en tierra diciendo sus pecados muy llorosamente, y arrepintiéndose mucho de ellos, y en todo esto teniendo la cabeza cubierta y bajada, dirigiendo los ojos hacia la tierra en la que hizo el pecado el que se arrepiente y con la voluntad hacia el cielo, donde codicia haber perdón de Dios, y no poniendo su atención en la cara del penitenciador, ni el continente que hiciese cuando se penitenciase, porque por ventura podría ver allí alguna cosa que le estorbaría la voluntad, mas que en todo fuese humilde, en dicho y en hecho, porque la humildad de este mundo lo ensalzase en el otro, según dijo Nuestro Señor Jesucristo, que el que se humillase, que ese sería ensalzado. Y otrosí fue establecido que el que diese la penitencia estuviese en lugar algo, porque aquel que de él le recibiese se pudiese asentar a sus pies a hacer la humildad de las otras cosas que dijimos, y que tuviese la cara baja y cubierta, de manera que no se la viese ninguno, ni aquel que le diese la penitencia, y si fuese hombre que recibiese bien la penitencia, que le hiciese llegar el penitenciador a sí por oírlo mejor, o se llegase más a él, así que pudiese algunas veces observarle el rostro por ver si tenía continente triste como hombre que se duele, o si el alegre en el rostro como hombre que trae encubierta y quiere dar pasada a su hecho. Mas si fuesen mujeres las que penitenciasen, debe el penitenciador asentarlas a sus pies, mas no muy cerca, de manera que no lo puedan tocar en ninguna cosa, ni él a ellas, y débeles asentar a uno de sus lados porque oiga lo que le dijeren, y no les vea las caras, según dijeron los profetas, que las caras de las mujeres hermosas son tales al que las mira como viento quemador, o como red en que caen los pescados. Por lo cual, si el penitenciador y el que toma la penitencia todas estas cosas sobredichas guardaren, será la penitencia ordenada como debe.

Ley 73

Entendidos y sabios deben ser los que dan las penitencias, pues mucho conviene que el que quisiera saber la voluntad del otro, que sea entendido.

Y esto en dos maneras: la una en preguntar, la otra en albedrío, por las preguntas llegará a lo que quiera saber, y por el albedrío sabrá lo que debe mandar. Y por eso conviene al penitenciador que considere qué persona es aquel que se le confiesa, y de cuál edad: primeramente si es mancebo, o vijeo, o sano o enfermo, o libre o siervo, o rico o pobre, o clérigo o lego, o letrado o sin letradura, o prelado, o rey u otra persona menor: y también en el estado de su cuerpo, si es enfermo o sano, o fuerte o flaco, o grueso o magro, o sufrido o vicioso, o si es tal hombre que codicie mucho cumplir voluntad de su carne, así como en comer, o en beber, o en lujuria, o en otras cosas semejantes de estas: otrosí si tiene la voluntad sana o enferma, hecho a pensar malos pensamientos, o a decir malas palabras, o si es estable en las cosas que ha de hacer, o cambiadizo. Y débele otrosí preguntar la vida que hace, o qué menester tiene, o si es rico y abundado, o pobre o mezquino, o humilde o soberbio, o sin codicia o codicioso, o manso o bravo, o granado o escaso, o nombre de corazón en dichos o en hechos o vil despreciable, o libre o siervo, o casado por casar, o clérigo o lego, o letrado o sin letradura: y otrosí el lugar que tiene, si es mayor que los otros prelados, así como papa, o patriarca, o primado, o arzobispo, u obispo u otras personas menores, así como descienden cada uno por su grado, de cualquier manera que sean, de orden o de religión: y otrosí si son hombres que tienen poder de hacer justicia, así como emperadores o reyes u otros hombres a quien sea otorgado por derecho; y otrosí del menester que tiene cada uno, así como caballeros que han de vivir por armas, o labradores por su labor, o menestrales por sus menesteres, o mercaderes por sus mercadurías. Y considerando el penitenciador todo esto, entenderá por qué razón se movió el pecador al pecado y sabrá cuál penitencia le debe dar. Y dando el penitenciador la penitencia que conviene, y el que se confiesa recibiéndola con humildad, llega a la conclusión que cada uno de ellos ha de menester.

Ley 85

Descubrir secreto es cosa en que hay muchos males, pues luego primeramente cuanto en sí es cosa muy vil, y no puede ser descubierta sin gran vileza de corazón, como en no poder sufrir el que la oye en descubrir lo que le dicen por amistad fiándose en él, y otrosí es dañoso cosa en muchas maneras, y por el descubrimiento hace a los hombres caer en vergüenza, pues si vergonzoso queda el hombre al que le descubren el cuerpo quitándole lo que viste, cuánto más al que le descubren el secreto que tiene encerrado en su corazón, que según su voluntad no querría que Dios lo supiese. Además, estorba muchas veces grandes hechos y buenos que se podrían hacer por ella, y torna el bien en mal y la lealtad en traición, y mueve desacuerdo y desamor entre los hombres, dándoles inclinación en como no fiarse unos de otros. Y si todas estas cosas acaecen en descubrir temporalmente lo que se dice de un hombre a otro en secreto, cuánto más sería en las cosas que son dichas a Dios, que cae sobre las cosas espirituales. Y por ello fue ordenado en la santa Iglesia que aquellos que las confesiones oyeren, que no las descubran por ninguna manera, pues este tal que las descubriese es traidor a Dios, y desobediente a la santa Iglesia, y alevoso a su cristiano, y además, es homicida.

Ley 90

Según dijimos, penitencia es cosa que se debe hacer arrepintiéndose hombre de sus pecados, y doliéndose de ellos de manera que no tenga voluntad de jamás volver a ellos. Y comoquiera que la penitencia es una en tres maneras, sin embargo la repartieron los santos padres, y a la primera llamaron solemne, a la segunda pública y a la tercera privada. Y de cada una de estas diremos por qué tiene ese nombre y como ha de ser hecha. Primeramente diremos que la solemne que se debe hacer el primer miércoles de la cuaresma mayor es desta manera: aquellos que la han de hacer deben venir a la puerta de la iglesia descalzos y vestidos de paños de lana viles y vergonzosos, y han de traer las caras bajadas hacia tierra humildemente, mostrándose por culpados de los pecados que hicieron, y sintiendo vergüenza por ellos, y otrosí mostrando que tienen gran voluntad de hacer todo lo que les mandaren por penitencia. Y deben estar allí con sus arciprestes y sus clérigos de los que son parroquianos y que oyeron sus confesiones. Y después de esto debe salir el obispo con sus clérigos a la puerta de la iglesia a recibirlos rezando los salmos penitenciales, y tomarlos por las manos y meterlos dentro: y debe el obispo echarse de preces ante el altar rogando a Dios por ellos yacer en tierra tendidos, llorando y rogando a Dios que no considere sus pecados que son muchos y grandes, mas la merced que es en El para perdonar a los culpados y oír a los que le ruegan con humildad. Y en cuanto a los salmos fueren rezados, débese levantar el obispo y poner las manos sobre sus cabezas y poner en ellas ceniza y echar agua bendita sobre ellas y después cubrírselas con cilicio que es paño de estameña, diciendo estas palabras llorando y con suspiros «que así como Adán fue echado de Paraíso, así conviene que ellos sean echados de la iglesia por los pecados que hicieron» Y entonces el obispo debe mandar a los ostiarios, que son porteros de la iglesia, que los echen fueren, y echándolos de allí, deben ir los clérigos en pos de ellos cantando un responso que dice así: «que en sudor de su cara y en lacerio de su cuerpo comerán su pan» Y estos han de morar toda la cuaresma a la puerta de la iglesia en cabañuelas. Y en el día santo del jueves de la cena deben venir los arciprestes y los clérigos que oyeren las confesiones de ellos y presentarlos otra vez a la puerta de la iglesia y luego meterlos dentro, y han de estar en la iglesia a todas las horas hasta el domingo de las octavas, más no deben comulgar ni tomar paz en aquellos días con los otros, ni entrar después en la iglesia hasta la otra cuaresma; y esto han de hacer así cada año hasta que hayan cumplido su penitencia según las cuaresmas que les dieren. Y cuando hubieren acabado la penitencia, débelos el obispo reconciliar a la puerta de la iglesia, estando allí con ellos los clérigos que hemos dicho, a esto se entienden que se deben desnudar, y el obispo darles con una correa rezando sobre ellos el salmo de Miserere mei Deus que hizo el rey David, que conviene mucho a aquellos que están en penitencia, pues tanto quiere decir como que ruega a Dios que les haga merecer según y su gran piedad, así que con las muchas mercedes perdone los muchos pecados, de manera que queden limpios y lavados de ellos, y de allí en adelante, que hagan vida de buenos cristianos.

Título 5. De los prelados de la Santa Iglesia que han de mostrar la fe y dar los sacramentos

Ley 33

Pecados muy grandes y muy desmedidos son según disposición de la Iglesia: matar hombres a sabiendas o de grado, o hacer simonía en orden o ser hereje. Y los medianos pecados dicen que son estos, así como adulterio, fornicación, falso testimonio, robo, hurto, soberbia, avaricia, que se entiende por escasez, saña de mucho tiempo, sacrilegio, perjurio, embriaguez continuadamente, engaño en dicho o en hecho, del que viene mal a otro.

Ley 34

Menores pecados son y veniales cuando algún hombre come o bebe más que no debe, o habla o calla más que no conviene, o responde ásperamente al pobre que le pide alguna limosna. Otrosí cuando alguno está sano y no quiere ayunar en el tiempo que ayunan los otros, pero si lo hiciese en desprecio de la Iglesia, sería pecado mortal, o si viene tarde a la iglesia por gusto de dormir, o si yace con su mujer si no es con intención de hacer hijos, o por el débito que lo ha de hacer, si por ventura ella lo quisiere y él puede, o si no fuere a visitar a los que encuentran en la cárcel o a los enfermos, pudiéndolo hacer, o si supiere que algunos están en desacuerdo o en malquerencia y no quiere meter paz entre ellos o avenencia, si pudiere; o si fuere más áspero y esto se entiende si fuere rencilloso o bravo de palabra o dé mala compañía a su mujer y a sus hijos y a los otros que con él viven, o si halagare o linsonjeare a alguno más que no debe, mayormente a algún poderoso con intención de hacerle placer poniéndole algún bien que no haya en él, o acrecentándole por palabra aquel bien que tiene mucho más de lo que es; eso mismo sería si se lo hiciese por miedo o apremiándolo. Otrosí pecado venial es dar a los pobres comeres muy bien adobados, o decir en algún lugar palabras de escarnio en las que no hay pro ninguna, mayormente si las dice en la iglesia, que es hecha para rogar a Dios o si jura por escarnio o por ruego y no por verdad, y no cumple lo que juró o si maldice a alguno con liviandad o sin recaudo.

Ley 36

Mesurado debe ser aquel que eligiesen para alguno de los prelados mayores, en comer y beber y guardarse mucho de comer de más y en beber de manera que se torne en ebriedad, porque esta es uno de los pecados más extraños que pueden ser, pues por él desconoce el hombre a Dios, y a sí mismo, y a todas las otras cosas que hay, más pronto que por otro, pues según dijeron los sabios, el vino es carrera que conduce a los hombres a todos los pecados. Otrosí el comer de más es vedado a todo hombre y mayormente al prelado, porque castidad no se puede bien guardar con los muchos comeres y grandes vicios; y por esta razón dijeron los santos que no conviene a aquellos que han de predicar la pobreza y la cuita que sufrió Jesucristo por nosotros en este mundo, que lo hagan con las faces bermejas comiendo y bebiendo mucho, y aun sin todo esto, naturalmente, del mucho comer nacen muy grandes enfermedades de las que mueren los hombres antes de su tiempo o quedan con lesiones.

Ley 37-1

Sabido y entendido debe ser en todas las cosas el que toman para obispo o el que ordenan para clérigo, señaladamente en estas tres: 1. en la ley, 2. en los saberes y el 3. en las cosas temporales. Pues en la ley debe ser sabedor para saber enseñar como salven a sus almas aquellos que les son dados en guarda. Y por esto establecieron los Santos Padres que haya en cada iglesia arzobispal un maestro que lea de divinidad y que los clérigos que salieren de la provincia a oírla, que tengan todos sus beneficios, tanto como si los sirviesen. Y sin esto no les abundare, que les cumplan de sus iglesias a lo que quieren menester, si fueren de buenas maneras y aprendieren bien. El otro saber que dicen en latín, artes, que quiere tanto decir como maestría para saber las cosas de raíz y departir la verdad de la mentira, bien lo pueden los clérigos aprender para conocer y entender aquello que leyeren, y porque hayan entrada para entender las Santas Escrituras, que deben saber por piedad, pues para esto las deben aprender, y no por otro gusto que cojan en ellas. Y por eso manda el derecho que en cada iglesia obispal haya maestro de gramática, que es arte para aprender el lenguaje del latín, y otrosí de lógica, que es para saber y conocer distinguir la verdad de la mentira, y aun de retórica, que es ciencia que muestra ordenar las palabras apuestamente y como conviene. Y estos tres saberes tuvo por bien la iglesia que aprendiesen los clérigos, porque son muy provechosos a los que los saben, y les mueven a hacer obras de piedad, lo que los clérigos tienen que hacer. Mas los otros cuatro saberes, que es el uno de ellos la aritmética, que es arte que muestra las maneras de las cuentas, y el otro, geometría, que es para saber como se pueden medir y estimar todas las cosas por estimación o por vista, y el tercero, la música que es saber de acordanza de los sones y de las otras cosas, y el cuarto astronomía, que es para saber el movimiento de los cielos y el curso de los planetas y estrellas, no tuvieron por bien los santos padres que se esforzasen mucho los clérigos en aprenderlo, pues aunque estos saberes son nobles y muy buenos cuanto en sí, no son convenientes a los clérigos, ni se moverían por ellos a hacer obras de piedad, así como rezar y confesar y las otras cosas semejantes de estas, que tienen que hacer de derecho.

Ley 37-2

San Pablo, el apóstol de los gentiles dijo como en manera de castigo que los hombres probasen todas las cosas y que tomasen las buenas de ellas, y las otras, que las dejasen, y por ello tuvieron por bien los santos padres que los clérigos pudiesen leer no tan absolutamente las artes que son dichas antes de esta, más aún, los libros de los gentiles, pues aunque en ellos haya algunas palabras que son contrarias a nuestra creencia y que deben ser esquivadas por todos los cristianos, con todo eso otras razones hay en ellos de grandes sesos, de las que pueden aprender buenas costumbres y buenos castigos, que es cosa que conviene a los clérigos. Y aun tuvo por bien la santa iglesia que los clérigos pudiesen leer leyes para saber el derecho y física para curar a los hombres, con tal de que no hagan esto por codicia ni por deleite. Mas con todo eso, el que obtuviere la condición o de cura de iglesia o fuere misacantano o monje o canónigo regular o de otra religión, si más de dos meses estuviera oyendo cualquiera de estos dos saberes, excomulgado sea por ella, pues que estos tales han de tener cura de almas, tuvo por bien la santa iglesia que de los saberes que ayudan a esto, se esforzasen más que de los otros. Por esto tuvo por derecho otrosí que fuesen sabedores de las cosas temporales, por las cuales supiesen alinear y enderezar sus haciendas y lo suyo, y ayudarse a sí mismos y a los otros en las cosas que les fuesen menester.

Ley 38

Castos y vergonzosos deben ser los prelados en dicho y en hecho, pues aquellos que con sus manos han de consagrar el cuerpo de Jesucristo y lo tienen que recibir en sí mismos, y han de dar los otros sacramentos de la iglesia, mucho conviene que tengan en sí castidad y limpieza. Otrosí, deben tener vergüenza, pues si la tuvieran, siempre se guardarán de hacer pecado de decir lo que mal está.

Ley 39

La iglesia manda que los prelados sean apuestos y esto en dos maneras: la una, dentro de sí mismos, y la otra, de fuera. Y la que es en sí mismos se reparte de dos maneras: en buenos pensamientos y en buenas costumbres. Y la que es de fuera es repartida en cuatro cosas: en comer y en beber, según que es dicho antes, y otrosí en su hábito y en su continente. Y el hábito se entiende por muchas cosas: así como vestir, pues deben traer sus paños cerrados y no cortos, ni traigan manga cosediza, ni zapatos a cuerda, ni sillas ni frenos ni petrales colgados ni dorados, ni espuelas doradas, ni hagan otros excesos ninguno, ni traigan capas con mangas, a no ser que cambiasen el hábito por miedo que hubiesen; ni otrosí deben traer broches ni cintas con hebilletas doradas. Y aun tuvo por bien la iglesia que no anduviesen los prelados con menos que con camisas romanas sobre los otros paños, a no ser que algunos de ellos hubiesen antes sido frailes o monjes, pues estos tales no deben dejar su hábito. Y deben traer otrosí los mantos atahonados o presos delante en señal de honestidad; pues esto deben hacer de manera que no haya en ellos hipocresía. Y deben otrosí traer coronas grandes, y los cabellos tan cortos que se les vean las orejas. Y esto fue establecido en señal del reino de Dios que esperan obtener, donde serán coronados si hicieren lo que deben, pues así como los reyes han de gobernar a los hombres en las cosas temporales, así lo han ellos de hacer en las cosas espirituales, y por esta razón los llama la iglesia, rectores. Y por la rasura que traen en la cabeza se da a entender que deben raer de sus voluntades los deseos de este mundo, y dejarse de las cosas temporales, y tenerse por abundados solamente con que tengan que comer y que vestir.

Y en su continente deben otrosí ser apuestos, andando en buena manera y honesta.

Ley 43

Predicación, para ser bien hecha es menester que el que la hiciere considere estas cuatro cosas: tiempo y lugar, y a quién y como. Y el tiempo, debe cuidar que no sermonee cotidianamente, mas en sazones contadas y convenientes, pues si siempre lloviese, nunca llevaría la tierra fruto; eso mismo sería de la predicación, que, si siempre predicasen, recibirían los hombres enojo de ella, y no les entraría tanto en voluntad para hacer bien. Otrosí debe cuidar el lugar en que ha de predicar, pues la predicación, débela hacer en la iglesia o en otro lugar honesto, y ante todos y no apartadamente por las casas, porque no nazca con ello sospecha de herejía contra los que predicasen ni contra aquellos que los oyesen. Pero no prohibe la santa iglesia que alguno no puede decir buenas palabras y buenas amonestaciones en privado o en otros lugares, mas no lo deben hacer en manera de predicación.

Ley 44

Deben cuidar los prelados que predican qué hombres son aquellos a quienes predican: si son sabios y entendidos, y otros, que no entiendan tanto, pues si buenos son y entendidos, puédenles predicar de las mayores cosas y de las más fuertes de la fe y de las Escrituras; y si fuesen otros que no hubiesen tan gran entendimiento, débenles decir pocas palabras y llanas, que entiendan ligeramente y de las que se puedan aprovechar. Y eso dio a entender nuestro señor Jesucristo cuando predicaba a los pueblos en los lugares llanos, y a los apóstoles en los montes y en las sierras altas. Y por eso dijo San Pablo: «Entre los sabios debemos hablar las cosas que son del saber, y a los otros debemos dar leche y no manjar fuerte. Otrosí el que predicare no debe hacer entender la gramática al pueblo como en manera de mostrársela, ni debe otrosí cuando sermonare contar ninguna de las hablillas que hay en los libros de la gramática que hicieron los gentiles, ni otras cosas semejantes de estas en que alababa la creencia de ellos, pues no es propio que en los sermones que hicieren, alaben su creencia ni la de las otras gentes como la de nuestro señor Jesucristo. Y estas cosas vedó la iglesia porque algunos tiempos hubo en que las hacían y venía con ello daño.

Título 6. De los clérigos y de las cosas que les pertenecen hacer y de las que les son vedadas

Nueve órdenes de ángeles ordenó nuestro señor Dios en la Iglesia, y puso a cada una de ellas en su grado, y dio primacía a los unos sobre los otros, y púsoles nombres según sus oficios. Por lo que, a semejanza de esto, ordenaron los santos padres en la Iglesia terrenal nueve órdenes de clérigos, y dieron a los unos primacías sobre los otros, y pusiéronles nombres según aquello que han de hacer y a estos grados de órdenes llaman: al primero, corona; al segundo, ostiario; al tercero, lector; al cuarto, exorcista; al quinto, acólito; al sexto, subdiácono; al seteno, diácono; al octavo, preste, y al noveno, obispo.

Ley 1

Clérigos quiere decir hombres escogidos en suerte de Dios. Y esto se demuestra por dos razones: la una, porque ellos han de decir las horas y hacer todos el servicio de Dios que es establecido en la iglesia, y la otra, porque se deben tener por satisfechos y vivir de aquella suerte que dan los cristianos a Dios, así como décimas y primicias y ofrendas. Y por esto, todos aquellos que son ordenados de corona o de aquí para arriba son llamados clérigos comunalmente, bien que sean mayores o menores.

Ley 2

Santos padres son llamados todos aquellos que hicieron el orden de la iglesia, y esto por dos razones: la una, porque ellos fueron santos en su vida y en sus hechos, y la otra, porque hicieron el santo orden y sus padres los llaman porque crían a los cristianos espiritualmente con este santo orden sobredicho, así como los padres temporales crían a sus hijos. Y ellos hicieron partición entre los clérigos; y a los unos pusieron en las iglesias catedrales por mayores personas por honra de los lugares que tienen, así como deanes o prebostes o priores o arcedianos y aquellos que llaman en algunas iglesias chantres, y en otras capiscoles, y otros que dicen tesoreros o sacristanes, y aun hay otros a los que llaman maestrescuela; y otros pusieron en las iglesias colegiales que no son obispados, en que hay otrosí personas y canónigos en cada una de ellas, según la costumbre que comenzaron a usar cuando las hicieron primeramente. Y aun sin todos estos, otros clérigos hay que llaman parroquiales, que han de tener un mayoral en cada una de ellas que tenga cura de las almas de aquellos que son sus parroquianos; y estos tienen un superior al que llaman archipreste, que ha de tener muchas parroquias. Pero todos estos sobredichos, como quiera que sean de tantas maneras, o son prestes o diáconos o subdiáconos o son de todos los cuatro grados, o de alguno de ellos, o tienen corona solamente, pues otro ninguno no puede ser beneficiado en la santa Iglesia, sino el que hubiera alguna de estas órdenes.

Ley 7

Maestrescuela tanto quiere decir como maestro y proveedor de las escuelas, y pertenece a su oficio dar maestros en la iglesia que muestren a los mozos leer y cantar, y él debe enmendar los libros en que leyeren en la iglesia, y otrosí al que leyere en el coro cuando errare, y otrosí a su oficio pertenece estar delante cuando probaren los escolares, en las ciudades donde son los estudios, si son tan letrados que merezcan ser otorgados por maestros de gramática o de lógica o de alguno de los otros saberes, y a los que entendiere que lo merecen, puédeles otorgar que lean así como maestros. Y a esta misma dignidad llaman en algunos lugares chanceller, y dícenle así porque de su oficio es hacer las cartas que pertenecen al cabildo en aquellas iglesias donde es así llamado.

Ley 34

... ellos han de decir las horas en la iglesia, y los que no pudieren allí venir no deben dejar de decirlas por los otros lugares por donde fueren. Y pues que puestos son para ellos, y tienen orden sagrada e Iglesia, por cada una de ellas tienen que hacerlo. Otrosí deben ser hospedadores y largos en dar sus cosas a los que la hubieren menester, y guardarse de codicia mala y no deben jugar tablas ni dados, ni volverse con tahúres ni tener tratos con ellos, ni aun entrar en tabernas a beber, fuera de que lo hiciesen obligados, andando caminos, ni deben ser hacedores de juegos por escarnio porque los vengan a ver las gentes como los hacen, y si otros hombres los hicieren, no deben los clérigos venir allí porque se hacen allí muchas villanías y desaposturas, ni deben otrosí estas cosas hacer en las iglesias, antes decimos que los deben de allí echar deshonradamente, sin pena ninguna, a los que los hicieron, pues la iglesia de Dios fue hecha para orar y no para hacer escarnios en ella, y así lo dijo Jesucristo en el Evangelio, que su casa era llamada casa de oración y no debe ser hecha cueva de ladrones. Sin embargo, representaciones hay que pueden los clérigos hacer, así como del nacimiento de nuestro señor Jesucristo, que muestra como el ángel vino a los pastores y díjoles como era nacido y otrosí de su aparición como le vinieron los tres reyes a adorar, y de la resurrección, que muestra como fue crucificado y resurgió al tercer día. Tales cosas como estas que mueven a los hombres a hacer bien y tener devoción en la fe, hacerlas pueden; y además porque los hombres conserven la memoria que, según aquello, fueron hechas, de verdad, mas esto deben hacer apuestamente y con gran devoción en las ciudades grandes, donde hubiere arzobispos u obispos, y con mandado de ellos o de los otros que tuvieren su veces, y no lo deben hacer en las aldeas, ni en los lugares viles, ni por ganar dineros con ello.

Ley 36

El hábito de religioso no lo deben vestir sino aquellos que lo tomaren por servir a Dios, pero algunos hay que lo traen a mala intención por remedar a los religiosos y para hacer otros juegos o escarnios con él, y es cosa muy impropia que lo que fue instituido para servir a Dios sea vuelto en desprecio de la iglesia y en envilecimiento de la religión. Por lo que cualquier que en tal manera vistiese hábito de monje o de monja o de otro religioso debe ser echado a azotes de aquella villa o de aquel lugar donde lo hiciere. Y si por ventura un clérigo hiciere tal cosa, porque le estaría a él peor que a otro hombre, débele su prelado poner gran pena según tuviere por razón; pues estas cosas también los prelados como los jueces seglares de cada lugar las deben escarmentar mucho que no se hagan.

Ley 37

Honestad en latín tanto quiere decir como cumplimiento de buenas costumbres para hacer un hombre limpia vida según el estado al que pertenece. Y esto cumple mucho más a los clérigos que a otros hombres, pues ellos que han de hacer tan santas y tan honradas cosas como consagrar el cuerpo de Jesucristo y dar los sacramentos y administrar el altar y servir la iglesia, mucho les conviene ser limpios y honestos y guardarse de los yerros y de toda mala fama. Y una de las cosas que más envilece la honestidad de los clérigos es tener trato frecuente con las mujeres; y por guardarlos de este yerro, tuvo por bien la iglesia mostrar cuáles mujeres pudiesen vivir con ellos morar sin mala estancia, y son estas: madre y abuela y hermana y tía hermana de padre o de madre, sobrina hija de hermano o de hermana, su hija misma si hubiese habido de mujer de bendiciones antes que recibiese la orden sagrada, o su nuera mujer velada de su hijo legítimo u otra que fuese pariente suya en segundo grado, así como prima cormana.

Ley 39

Casar solían todos los clérigos antiguamente en el comienzo de nuestra ley, según lo hacían en la ley vieja de los judíos, mas después de eso, los clérigos de Occidente, que obedecieron siempre a la iglesia de Roma, acordaron vivir en castidad, pues tuvieron que aquellos que habían de consagrar el cuerpo de Jesucristo y dar los sacramentos a los cristianos, que les convenía mucho ser castos. Y los clérigos de Oriente no quisieron prometer esto, porque tuvieron que era mejor casarse y cosa más sin peligro, que prometer castidad y no poderla tener; y por esta razón hay diferencia entre los clérigos de Oriente y los de Occidente. Pero algunas cosas hay en que concuerdan, y otras en que desacuerdan en razón de los casamientos, y en los que concuerdan son estas: que tanto los unos como los otros pueden casar habiendo cuatro grados, y otrosí no pueden casar desde que hubieren orden sagrada; y si casaren, que no vale el casamiento. Y aquellas en las que descuerdan son: que los clérigos de Oriente, bien sean casados o no, pueden recibir órdenes sagradas no prometiendo guardar castidad, mas los de Occidente no pueden hacer esto a menos de prometerla. Otrosí desacuerdan en otra cosa, pues los de Oriente siendo casados con sus mujeres pueden recibir órdenes sagradas, no departiéndose el casamiento por ello, antes pueden vivir juntos tanto como hacían de primero; y los de Occidente no lo pueden hacer, y después que recibieren tales órdenes, no han de poder vivir en uno.

Ley 43

Castamente son tenidos los clérigos de vivir siempre, mayormente después que hubieren órdenes sagradas, y para esto guardar mejor, no deben otras mujeres morar con ellos, sino aquellas que son nombradas en las leyes antes de esta. Y si hallaren que otras tienen de que pueda venir sospecha de que hacen yerro de lujuria con ellas, débelos su prelado vedar de oficio y de beneficio, si el pecado fuese conocido por juicio que den contra alguno de ellos sobre tal hecho, o porque lo conozca él en pleito; o si el yerro fuese tan conocido que no se pudiese encubrir, como si la tuviese manifiestamente en su casa y hubiese algún hijo de ella. Y del clérigo que en tal pecado viviere, no deben sus parroquianos oír las horas de él, ni recibir los sacramentos de la santa iglesia.

Ley 46

Mercancías son de muchas maneras, y algunas hay de ellas que no puede ningún hombre usar sin pecado mortal, porque son malas en sí así como usura y simonía; y estas son vedadas tanto a los clérigos como a los legos. Otras mercancías hay que son vedadas a todos, y mayormente a los clérigos, así como vender y comprar las cosas con voluntad de ganar en ellas. Pero si el clérigo sabe bien escribir y otras cosas hacer que sean honestas, así como escritorios o arcas, redes, cuévanos, cestos u otras cosas semejantes, tuvieron por bien los santos padres que las pudiesen hacer y vender sin desprestigio de su orden y aprovecharse de ellas cuando fuesen menguados de manera que les conviniese hacerlo.

Ley 47

Venadores ni cazadores no deben ser los clérigos de cualquier orden que sean, ni deben tener azores ni halcones, ni canes para cazar, pues desaguisada cosa es gastar en esto lo que tienen que dar a los pobres, pero bien pueden pescar y cazar con redes, y armar lazos, pues tal caza como esta no les es prohibida porque la pueden hacer sin canes, sin aves y sin ruido; mas con todo eso deben usar de ella de manera que no se les impida por ella las oraciones, ni las horas que tienen que decir. Otrosí no deben correr monte, ni lidiar con bestia brava, ni aventurarse con ellas por precio que les den, pues el que lo hiciese sería de mala fama, pero si las bestias bravas hiciesen daño en los hombres o en las mieses o en los ganados, los clérigos entonces bien las pueden acosar y matar si les acaeciere.

Título 7. De los religiosos

Ley 1

Reglares son llamados todos aquellos que dejan las cosas del siglo y toman alguna regla de religión para servir a Dios, prometiendo guardarla. Y estos tales son llamados religiosos, que quiere tanto decir como hombres ligados que se meten debajo de la obediencia de su superior, así como monjes o calonges de claustro, a los que llaman seglares, o de otra orden cualquiera que sea. Pero otros hay que son como religiosos y no viven debajo de regla, así como aquellos que toman señal de orden, y moran en sus casas y viven de lo suyo, y estos, aunque guardan regla en algunas cosas, no tienen tan gran franqueza como los otros que viven en sus monasterios.

Ley 2

Profesión llaman a la promesa que hace el que entra en orden de religión, bien sea varón o mujer, y el que esto hiciere ha de prometer tres cosas: la una, no haber propio, la otra, guardar castidad; y la tercera, ser obediente al que fuere el superior en aquel monasterio en donde viviere. Y así son allegadas estas cosas al que toma la orden, que el papa no puede dispensar con él que no las guarde

Ley 3

Estar debe un año de prueba el que quiere tomar hábito de religión; y esto por dos cosas; la una, por ver si podrá sufrir las asperezas y los rigores de aquella regla, y la otra, porque sepan los que están en el monasterio las costumbres de aquel que quiere entrar, si se contentará él o no, y si antes del año quisiere salir de allí, puédelo hacer Y esto es porque algunos, cuando entran en orden, hácenlo con movimiento de saña de algunas cosas que les acaecen y por antojo, cuidando que la podrán sufrir, y después, cuando van allí estando, cámbianseles las voluntades, y arrepiéntense, de manera que los unos la han de dejar y los otros que queden contra su voluntad hacen en ella mala vida y por ello no les deben tomar la promesa antes del tiempo sobredicho.

Ley 14

Vida santa y buena deben hacer los monjes y los otros religiosos, pues por esto dejan este mundo y los placeres de él. Y por esto tuvo por bien la santa iglesia mostrar algunas cosas de las que han de guardar los monjes señaladamente para hacer áspera vida, y son estas: que no deben vestir camisa de lino, ni deben tener cosa propia, y si alguno lo tuviere, débelo luego dejar y si no la dejare desde que fuere amonestado según su regla, si se lo hallaren después, débenselo quitar y meterlo en pro del monasterio, y echar a él fuera, y no lo deben recibir más, a no ser que hiciese penitencia según manda su regla. Mas si en su vida lo tuviese encubierto y se lo hallasen a su muerte, deben aquello que le hallaren enterrar con él fuera del monasterio en algún muladar, en señal que es perdido. Otrosí deben guardar que no hablen en la iglesia, ni en el refectorio, ni en el dormitorio, ni en el claustro, fuera de los lugares acotados y a ciertas horas según la costumbre de aquel monasterio en que vivieren.

Título 9. De las excomuniones

Ley 2

Dieciséis cosas puso el derecho de la santa iglesia por las que caen los hombres en la mayor excomunión luego que hacen algunas de ellas: la primera es si alguno cae en alguna herejía de aquellas que se dice en el título de los herejes, o si levantase otra de nuevo, o si le diese la Iglesia de Roma por hereje o su obispo o el cabildo, si vacase la iglesia, haciéndolo con consejo de algún prelado vecino suyo, cuando acaeciese que fuese menester; la segunda, si alguno recibiese a los herejes en sus tierras o en sus casas a sabienda, o los defiende; la tercera, si alguno dice que la Iglesia de Roma no es cabeza de nuestra fe, y no la quiere obedecer; la cuarta, si alguno hiere o mete manos airadas como no debe en clérigo o en monje o en monja o en otro hombre o mujer de religión; la quinta, si alguno que es poderoso en algún lugar ve que quieren herir a algún clérigo o religioso y no lo defiende pudiendo, o habiéndolo de hacer por su oficio; la sexta, cuando algunos queman iglesias o las quebrantan o las roban; la setena, si alguno se llama papa no siendo elegido a lo menos de las dos partes de los cardenales y esto se entiende si no quiere dejar de ello; la octava es si alguno falsea carta del apostólico o si usa de ella a sabiendas habiéndola otro falseada; la novena es si alguno da armas a los moros, o navíos, o los ayuda de otra manera cualquier contra los cristianos; la decena es si alguno que es maestro o escolar mora en casas alquiladas, y viene otro alguno y habla con el señor de las casas y prométele de darle más por ellas por hacerle estorbo o mal a aquel que las tiene; pero esta es una excomunión apartada que mandó el apostólico guardar señaladamente en el estudio de Bolonia, la oncena es si algún monje o canónigo regular o clérigo que sea misacantano u otro que tenga dignidad o personaje fuere a escuelas para estudiar física o leyes sin otorgamiento del papa; la duodécima es cuando las potestades o los cónsules o los regidores de algunas villas o de otros lugares toman pechos a los clérigos contra el derecho, o les mandan hacer cosas que no les conviene, o quitan a los prelados la jurisdicción o los derechos que tienen en sus iglesias, pues sin estas cosas no enderezaren un mes después que fueren amonestados, caen en esta excomunión, tanto ellos como los que los aconsejan o los ayudan en ello; la decimotercia es cuando algunos hacen guardar posturas o establecimientos o costumbres que son contrarias a las franquicias de las iglesias, la decimocuarta es que los poderosos y los principales de las ciudades y de las villas que hicieren tales establecimientos, o los que los aconsejaren o los escribieren, que son otrosí excomulgados; la decimoquinta es que los que juzgaren por aquellas disposiciones caen en excomunión; la decimosexta cosa es que los que escribieren concejeramente el juicio que fuese juzgado por tales estableci-mientos, que son otrosí excomulgados.

Ley 13

Extremada manera hay para excomulgar con solemnidad, que pertenece a los obispos tan solamente y no a los prelados menores que ellos. Y esta se hace de esta manera: el obispo que hubiere de dar la sentencia debe haber consigo doce clérigos misacantes, que tenga cada uno de ellos en mano sendas candelas encendidas, y deben tocar las campanas; y entonces debe decir el obispo como excomulga a algún hombre o mujer, nombrando a cualquiera de ellos por su nombre, haciendo saber a todos los que allí estuvieren por qué razón lo hace diciendo así, que le echa fuera del reino de la iglesia, y lo aparta de todos lo bienes que se hacen en ella. Y cuando esto hubiere dicho, debe tomar una candela y echarla a tierra, y matarla con los pies o en agua según que es costumbre en algunas iglesias; y eso mismo deben hacer todos los otros clérigos que las candelas tuvieren encendidas en las manos. Y entonces debe decir el obispo que así sea muerta el alma de aquel que excomulgan como mueren aquellas candelas, si no hiciere enmienda a la santa iglesia de aquello por lo que le echan de ella.

Título 15. Del Derecho del Patronazgo

Ley 1

Patronus en latín tanto quiere decir en romance como padre de carga, así como el padre es cargado de hacienda de su hijo en criarle y guardarle y buscarle todo el bien que pudiere, así el que hace la iglesia está obligado a sufrir la carga de ella, abundándola de todas las cosas que le fueren menes-ter cuando la hace, y amparándola después que fuere hecha. Y patronazgo es derecho o poder que gana en la iglesia por los bienes que allí hace el que es patrón de ella; y este derecho se gana por tres cosas; la una, por el suelo que da en que se haga la iglesia; la segunda, por hacerla; la tercera, por la herencia que le da a la que llaman dote, de donde vivan los clérigos que la sirvieren y de la que puedan cumplir las otras cosas.

Título 16. De los beneficios de los clérigos

Ley 2

Letrados y honestos y conocedores del uso de la iglesia deben ser los clérigos a quienes dieren las dignidades y los personajes y las iglesias parroquiales que tienen cura de almas; eso mismo deben tener en sí aquellos a quienes diesen los menores beneficios, así como canonjías o raciones, o a lo menos, que sean letrados que entiendan latín, y que sean conocedores del uso de la iglesia, que es cantar y leer, pues los primeros que tienen cura de almas deben ser más sabios. Y esto porque ellos han de predicar a los pueblos y mostrarles la ley de Dios.

Título 17. De la Simonía en que caen los hombres

Ley 1

Caer en pecado de simonía los hombres queriendo y teniendo muy gran voluntad por sobrada codicia que tienen arraigada en los corazones de comprar o de vender una cosa espiritual, y otra que sea semejante a ella. Y simonía tomó nombre de Simón el mago, que fue encantador en tiempo de los apóstoles, y fue bautizado por San Felipe en Samaria: y este, cuando vio que los apóstoles ponían las manos sobre los hombres y recibían por ello el Espíritu Santo, hubo codicia de tener aquel poder, y vino a san Pedro y a san Juan, y díjoles que le diesen este poder, que aquellos en que él pusiese las manos, que recibiesen el Espíritu Santo, y que les daría dinero por esto..., y por esta razón fue tomado este nombre simonía de Simón, mago, porque este fue el primero en la ley nueva de nuestro señor Jesucristo que quiso comprar la gracia del Espíritu Santo; de donde todos aquellos que compran cosa espiritual caen en este pecado de simonía y son llamados simoníacos.

Ley 10

Ciencia es don de Dios, y por ello no debe ser vendida, pues así como aquellos que la tienen la lograron sin precio y por gracia de Dios, así la deben ellos dar a los otros de grado, no tomándoles por ello ninguna cosa. De donde cuando algún maestro recibiese beneficio de alguna iglesia porque tuviese escuela, no debe después demandar ninguna cosa a los clérigos ni a los otros escolares pobres, pues si lo demandase y lo tomase haría como simonía. Mas los maestros que no recibiesen beneficios de las iglesias, bien pueden tomar soldada de los escolares a los que enseñaren, si las rentas que hubieren de otra parte no les cumplieren para vivir honestamente; y si les cumplen, no deben demandar ninguna cosa mas débenlos enseñar de buena voluntad. Pero si los escolares les dieren algo de su grado no demandándolo ellos, bien lo pueden tomar sin mal estanza, y esto se entiende los maestros que son sabios y entendidos para enseñar, mas si tales fuesen, aunque sus rentas no les cumpliese, no son tenido como por deudo de darles ninguna cosa, porque semeja que más lo hacen por su pro y porque ellos tomen, que no por enseñar a los otros. Otrosí aquellos que tienen poder de dar licencia a los escolares para ser maestros no lo deben hacer por precio.

Título 18. De los sacrilegios

Ley 1

Sacrilegio según el derecho de la santa iglesia, es quebrantamiento de cosa sagrada o de otra que pertenezca a ella, donde quiera que esté, aunque no sea sagrada, o de la que estuviese en lugar sagrado, aunque no sea ella sagrada.

Ley 2

Hácese sacrilegio de cuatro maneras: la primera es cuando mete manos airadas en clérigo o en hombre de religión, bien sea clérigo o lego, o varón o mujer; la segunda forzando o hurtando cosa sagrada de lugar sagrado, como si alguno forzase o hurtase cáliz o cruz o vestimenta o alguno de los ornamentos o de las otras cosas que hay en la iglesia a servicio de ella, o quebrantase las puertas, horadase las paredes o el techo para entrar en la iglesia a hacer algún daño, o si diese fuego para quemarla; la tercera es cuando hurtan o fuerzan cosa sagrada de lugar que no es sagrado; y esto sería como si alguno tomase a hurto o a fuerza cáliz o cruz o vestimenta y otros ornamentos que fuesen de la iglesia o estuviesen en otra cosa como en depósito; la cuarta es hurtando o forzando cosa que no sea sagrada de lugar sagrado, así como si alguno hurtase o forzase pan o vino o ropa u otras cosas que pusiesen algunos hombres en la iglesia por guarda, así como en tiempo de las guerras cuando llevan sus cosas a las iglesias, que no se las hurten ni se las roben. Y hay diferencia entre hurto y robo, pues hurto es lo que toman a escondidas, y robo lo que toman declaradamente, por fuerza.

Título 23. De la guarda las fiestas y de los ayunos y de como se deben hacer las limosnas

Ley 1

Fiesta tanto quiero decir como día honrado en que los cristianos deben oír y decir y hacer cosas que sean alabanza y en servicio de Dios, y a honra del santo en cuyo nombre la hacen; y tal fiesta como esta es aquella que manda el apostólico hacer a cada obispo en su obispado con reunión del pueblo a honra de algún santo que sea otorgado por la Iglesia de Roma. Y hay tres maneras de fiestas: la primera es de aquellas que manda la santa iglesia guardar a honra de Dios y de los santos, así como los domingos y las fiestas de nuestro señor Jesucristo, y de santa María y de los apóstoles y de los otros santos y santas, la segunda manera es la que mandan guardar los emperadores y los reyes por honra de sí mismos; la tercera manera es aquella que es llamada ferias, que son por provecho comunal de todos los hombres, así como aquellos días en que cogen sus frutos.

Ley 2

Guardadas deben ser todas las fiestas de que se habla en la ley antes de esta y mayormente las de Dios y de los santos, porque son espirituales, pues débenlas todos los cristianos guardar según manda la santa iglesia, y además de eso, no debe ningún juez emplazar ni juzgar en ellas, ni otrosí los otros hombres no deben labrar en aquellas labores que suelen hacer en los otros días, más débense esforzar por ir muy apuestamente y con gran humildad a la iglesia cuya fiesta guardan si allí la hubiere, y si no, a las otras, y oír las horas con gran devoción, y desde que salieren de las iglesias deben hacer y decir cosas que sean a servicio de Dios y pro de sus almas. Y la segunda manera de fiestas, que deben guardar por honra de los emperadores y de los reyes, y la tercera manera de fiestas, que se llaman ferias, se deben guardar por pro comunal de los hombres, muéstranse en el título de los emplazamientos como deben ser guardadas.

Ley 7

La limosna es cosa que place mucho a Dios y a los hombres, y quien la puede hacer débele dar placer con ella en todo tiempo y señaladamente en los días de las fiestas y de los ayunos. Pero aquel que no pudiese cumplir con todos puede hacer elección entre aquellos a quienes la ha de dar, a cuales la dé, o cuales no; y para esto hacer cumplidamente, debe considerar nueve cosas: la primera es conocer si aquel que la pide es de su creencia o de otra, pues antes la debe dar a un cristiano que a otro que no fuese de su ley; la segunda es que debe considerar la cuita en que está el pobre, y antes debe dar la limosna al que está en cautiverio para sacarlo, antes que a otro; la tercera es que debe considerar el lugar donde se halla el pobre, y si estuviese en la cárcel, o le diesen penas por deuda que debiese y no por otra maldad que hubiese hecho, antes debe socorrer que a otro que no estuviese tan apremiado; la cuarta es que debe considerar el tiempo en que quiere hacer limosna, y si acaeciere por ventura que quisiesen justiciar a alguno sin derecho, y lo pudiese hacer librar por haber que diese por él, tan gran cuita, pues más deben los hombres preciar la vida de un tal cuitado, que el haber que darían por él; la quinta cosa es que debe ser hecha con mesura, pues la deben siempre dar a uno ni de una vez, mas repartirla a muchos y en muchos días porque puedan más cumplir con ella y hacer merced a más hombres, pero si fuese tal hombre que se quisiese dejar del mundo y dar todo lo suyo por Dios, entonces bien lo puede dar en una hora si quisiere; la sexta es que debe considerar el parentesco con aquel a quien quiere hacer limosna, y si algunos quieren por Dios dar alguna cosa y tuviesen parientes pobres, antes lo deben dar a ellos que a otros extraños; la setena cosa es que debe cuidar de qué edad es el que pide limosna, pues antes la debe dar los viejos que no lo pueden ganar que a los mancebos;

la octava es que debe considerar la flaqueza del pobre, y antes debe dar la limosna a los ciegos y a los contrahechos y a los enfermos estimando la flaqueza que hay en ellos que a los sanos; la novena es que debe juzgar la condición y el estado del pobre, pues el que quisiere hacer limosna antes la debe dar a los pobres vergonzosos que son hijosdalgos, y a los otros hombres buenos que tuvieron gran riqueza y cayeron después en gran pobreza, no por maldad que hubiesen hecho, mas por su desventura, que a los otros pobres que no fuesen de tales lugares como ellos.

Título 24. De los Romeros y de los Peregrinos

Ley 1

Romero quiere decir como hombre que se parte de su tierra y va a Roma para visitar los santos lugares en que yacen los cuerpos de san Pedro y de san Pablo, y de los otros que allí sufrieron martirio por nuestro señor Jesucristo. Y peregrino tanto quiere decir extraño que va a visitar el sepulcro de Jerusalén y los otros santos lugares en que nuestro señor Jesucristo nació, vivió y murió en este mundo, o que anda en peregrinación a Santiago o a otros santuarios de lejana tierra extraña. Y comoquiera que hay diferencias en las palabras entre romero y peregrino, pero según comunalmente las gentes lo usan, así llaman al uno como al otro.

Ley 2

Romería y peregrinación deben hacer los romeros con gran devoción y con mansedumbre, diciendo y haciendo bien y guardándose de hacer mal, y no andando haciendo mercadurías ni arloterías por el camino, y deben siempre albergarse temprano cuando pudieren; y otrosí ir acompañados para que sean guardados de daño, y puedan hacer mejor su romería. Y deben los hombres de las tierras, cuando los romeros pasaren por los lugares, honrarlos y guardarlos, y derecho es que los hombres que se salen de su tierra con buena voluntad para servir a Dios, que los otros los reciban en la suya, y que se guarden de hacerles injusticia ni fuerza, ni daño o engaño o deshonra. Y por ello tenemos por bien y mandamos que los peregrinos que vienen a Santiago, que ellos y sus compañías y sus cosas vayan y vengan salvos y seguros por todos nuestros reinos; otrosí mandamos que tanto en los albergues como fuera puedan comprar las cosas que hubieren menester.

Ley 3

Yendo en romería y viniendo de ella no tan solamente deben las cosas que traen los romeros consigo ser salvas y seguras, mas aún las que dejan en sus tierras. Y por ello tuvieron por bien los sabios antiguos que hicieron las leyes, y aun los que hablaron en el derecho de la santa iglesia, que los bienes y las cosas de los romeros ninguno no las debe forzar ni entrar ni robar ni sacar de la posesión a los hombres que tuvieren lo suyo, y si por ventura fuesen echados de la posesión por fuerza o de otra manera, que los parientes y los amigos y los vecinos o los siervos o los labradores de los peregrinos puedan demandar y cobrar en juicio la posesión que les fue forzada, aunque no tengan carta de personería de los romeros.

Partida segunda

Título 1. Emperadores, reyes y grandes señores

Ley 1

Imperio es gran dignidad, y noble y honrada sobre todas las otras que los hombres pueden tener en este mundo temporalmente, pues el señor a quien Dios tal honra da es rey y emperador y a él pertenece, según derecho y el otorgamiento que le hicieron las gentes antiguamente, gobernar y mantener el imperio en justicia, y por eso es llamado emperador, que quiere tanto decir como mandador, porque a su mandato deben obedecer todos los del imperio y él no es obligado a obedecer a ninguno, fuera del papa en las cosas espirituales; y convino que un hombre fuese emperador y hubiese este poder en la tierra por muchas razones, la una por quitar el desacuerdo de entre las gentes y juntarlas en uno, lo que no podrían hacer si fuesen muchos los emperadores, porque según naturaleza el señorío no quiere compañero ni lo necesita, aunque de todas maneras conviene que haya hombres buenos y sabios que le aconsejen y le ayuden, la segunda para hacer fueros y leyes por las que se juzguen derechamente las gentes de sus señorío, la tercera para quebrantar a los soberbios y a los injustos y a los malhechores que por su maldad o por su poder se atreven a hacer mal o injusticia a los menores, la cuarta, para que amparar la fe de nuestro señor Jesucristo y quebrantar los enemigos de ella. Y otrosí dijeron los sabios que el emperador es vicario de Dios en el imperio para hacer justicia en lo temporal, bien así, como lo es el papa en lo espiritual.

Ley 2

El poder que el emperador tiene es de dos manera: la una, de derecho, y la otra, de hecho, y aquel que tiene según derecho es este: que puede hacer ley y fuero nuevo, y mudar el antiguo, si entendiere que es a procomunal de su gente, y otrosí cuanto fuese oscuro, tiene poder de esclarecerlo, y puedo, otrosí quitar la costumbre usada cuando entendiere que era dañosa y hacer otra nueva que fuese buena. Y aun tiene poder de hacer justicia y escarmiento en todas las tierras del imperio, y otrosí, él tiene poder de poner portazgos, y otorgar ferias nuevamente en los lugares que entendiere que lo debe hacer, y no otro hombre ninguno, y por su mandato y por su otorgamiento se debe batir moneda en el imperio, y aunque muchos grandes señores lo obedecen, no la puede ninguno hacer en su tierra, sino aquellos a quien él otorgare que la hiciesen; y el solo en otrosí poderoso de partir los términos de las provincias y de las villas, y por su mandato deben hacer guerra y tregua y paz. Y cuando acaece contienda sobre los privilegios que él dio o los otros emperadores que fueron antes que él, tal pleito como este él lo debe librar y otro no; y tiene también poder de poner adelantados y jueces en las tierras que juzguen en su lugar según fuero y derecho, y puede tomar de ellos yantares y tributo y censo en aquella manera que los acostumbraron antiguamente los otros emperadores. Antes este poder tiene el señor luego que es escogido de todos aquellos que han poder de escogerlo o de la mayor parte, siendo hecho rey en Alemania en aquel lugar donde se acostumbraron a hacer antiguamente los que fueron escogidos para emperadores.

Ley 3

Poderoso debe ser el emperador ser hecho, de manera que su poder sea tan cumplido y así ordenado, que pueda más que los otros de sus señorío para apremiar y constreñir a los que no lo quisieren obedecer. Y para tener tal poder como este, es menester que se enseñoree de las caballerías y que las reparta, y que las encomiende a tales caudillos que lo amen y que las tengan por él y de su mano, de manera que conozcan a él por señor, y a los otros que los acaudillan por guiadores.

Otrosí debe ser poderoso de los castillos y de las fortalezas y de los puertos del imperio, y mayormente de aquellos que están en frontera de los bárbaros y de los otros reinos sobre los que el emperador no tiene señorío, porque en su mano y en su poder sea siempre la entrada y la salida del imperio. Otrosí debe tener hombres señalados y sabios y entendidos y leales y verdaderos que le ayuden y le sirvan de hecho en aquellas cosas que son menester para su consejo y para hacer justicia y derecho a la gente, pues él solo no podría ver ni librar todas las cosas.

Ley 5

Vicarios de Dios son los reyes de cada uno en su reino, puestos sobre las gentes para mantenerlas en justicia y en verdad en cuanto a lo temporal, bien así como el emperador en su imperio. Y esto se muestra cumplidamente de dos maneras: la primera de ella es espiritual según lo mostraron los profetas y los santos, a quienes dio nuestro Señor gracia de saber las cosas ciertamente y de hacerlas entender; la otra es según naturaleza, así como mostraron los hombres sabios que fueron como conocedores de las cosas naturalmente. Y naturalmente dijeron los sabios que el rey es cabeza del reino, pues así como de la cabeza nacen los sentidos por los que se mandan todos los miembros del cuerpo, bien así por el mandamiento que nace del rey, y que es señor y cabeza de todos los del reino, se deben mandar y guiar y haber un acuerdo con él para obedecerle, y amparar y guardar y enderezar el reino de donde él es alma y cabeza, y ellos los miembros.

Ley 6

Rey tanto quiero como regidor, y sin falta a él pertenece el gobierno del reino, y según dijeron los sabios antiguos, señaladamente Aristóteles en el libro que se llama Política en el tiempo de los gentiles el rey no tan solamente era guiador y caudillo de las huestes y juez sobre todos los del reino, más aún era señor sobre las cosas espirituales que entonces se hacían por reverencia y por honra de los dioses en que ellos creían, y por eso lo llamaban rey, porque regía tanto en lo temporal como en lo espiritual. Y señaladamente tomó el rey nombre de nuestro señor Dios, pues así como Él es dicho rey sobre todos los otros reyes, porque de Él tienen nombre, y Él los gobierna y los mantiene en su lugar en la tierra para hacer justicia y derechos, así ellos están obligados a mantener y a gobernar en justicia y en verdad a los de su señorío.

Ley 7

Cumplidas y verdaderas razones mostraron los sabios antiguos por qué convino que hubiese rey, además de aquellas que antes dijimos del emperador. Y comoquiera que antes hablamos del emperador por la honra del imperio que del rey, sin embargo antiguamente primero fueron los reyes que los emperadores. Y una de las razones que mostraron por qué convino que hubiese rey es esta: que todas las cosas que son vivas traen consigo naturalmente todo lo que necesitaren y que les conviene, y no necesitan que otro se lo acarree de otra parte, pues si son de vestir, ellas son vestidas de suyo, la unas de péñolas y las otras de cabellos, y las otras de cuero y las otras de escamas y de conchas, cada una de ellas según su naturaleza, por lo que no necesitan tejer para ser vestidas. Otrosí para defenderse las unas traen picos, y las otras dientes, y las otras uñas y las otras cuernos, y las otras aguijones o espinas, por lo cual no les conviene buscar otras armas con que se defiendan. Otrosí lo que comen y beben, cada una lo halla según que le es menester, de manera que no ha de buscar quien se lo componga ni cosa con que les sepa bien, ni lo han de comprar, ni han de trabajar por ello, mas el hombre de todo esto no tiene nada para sí a menos de ayuda de muchos que lo busquen y le alleguen aquellas cosas que le convienen y esta ayuda no puede ser sin justicia, la que no podría ser hecha sino por superiores a quienes hubiesen los otros de obedecer y por ello fue necesario por derecho fuerza que hubiese uno que fuese cabeza de ellos, por cuyo seso se acordasen y se guiasen, así como todos los miembros del cuerpo se guían y se mandan por la cabeza, y por esta razón convino que hubiese reyes y los tomasen los hombres por señores.

Ley 8

Sabida cosa es que todos aquellos poderes que antes dijimos que los emperadores tienen y deben tener en las gentes de su imperio, que esos mismos tienen los reyes en las de sus reinos y mayores, pues ellos no tan solamente son señores de sus tierras mientras viven, mas aún a sus muertes, y las pueden dejar a sus herederos, porque tiene el señorío por heredad, lo que no pueden hacer los emperadores que lo ganan por elección, así antes dijimos.

Ley 9

Es llamado rey verdaderamente a aquel que con derecho gana el señorío del reino, y puédese ganar por derecho de estas cuatro maneras: la primera es cuando por herencia hereda los reinos el hijo mayor, o alguno de los otros que son más cercanos parientes de los reyes al tiempo de su muerte, la segunda es cuando lo gana por conformidad de todos los del reino, que lo escogen por señor, no habiendo pariente que deba heredar el señorío del rey finado por derecho, la tercera razón es por casamiento y esto es cuando alguno casa con dueña que es heredera de reino, que aunque él no venga de linaje de reyes, puédese llamar rey después que fuere casado con ella, la cuarta es por otorgamiento del papa o del emperador cuando alguno de ellos hace reyes en aquellas tierras en que tienen derecho de hacerlo, y los que ganan aquellas tierras en que tienen derecho de hacerlo; y los que ganan los reinos en alguna de las maneras que antes dijimos son dichos verdaderamente reyes, y deben por siempre guardar el provecho comunal de su pueblo que el suyo mismo, porque el bien y la riqueza de ellos es como suyo, y otrosí deben amar y honrar a los mayores y a los medianos y a los menores, a cada uno según su estado, y complacerles con los sabios y alegrarse con los entendidos y meter amor y acuerdo entre su gente y ser justicieros dando a cada uno su derecho y deben fiar más en los suyos que en los extraños, porque ellos son sus señores naturales y no por apremio riguroso.

Ley 10

Tirano quiere decir como señor cruel que se ha apoderado de algún reino o tierra por fuerza o por engaño o por traición, y estos tales son de tal naturaleza, que después que se han bien apoderado de la tierra, aman más hacer su provecho, aunque sea en daño de la tierra, que el provecho comunal de todos, porque siempre viven en mala sospecha de perderla y sobre todo esto siempre hicieron los tiranos por estragar a los poderosos y matar a los sabios, y vedaron siempre en sus tierras cofradías y ayuntamientos de los hombres, y quisieron siempre saber lo que se decía o se hacía en la tierra, y fían más su consejo y la guarda de su cuerpo a los extraños porque les sirven a su voluntad, que en los de la tierra, que les han de hacer servicio por apremio. Otrosí decimos que aunque alguno hubiese ganado señorío de reino por alguna de las derechas razones que dijimos en las leyes antes de esta, que si él usase mal de su poderío en las maneras que dijimos en esta ley, que le puedan decir las gentes tirano y tórnase el señorío que era derecho en torcido, así como dijo Aristóteles, en el libro que habla del regimiento de las ciudades y de los reinos.

Ley 11

Príncipes y duques y condes y marqueses y juges y vizcondes son llamados los otros señores de que hablamos antes que tienen honra de señorío por herencia. Y príncipe fue llamado antiguamente el emperador de Roma, porque en él se comenzó el señorío del Imperio, y es nombre general que pueden dar a los reyes, pero en algunas tierras es nombre de señorío señalado, así como en Alemania y en la Morea, y en Antioquía y en Puglia; y a otros señores no acostumbraron a llamar por este nombre sino a estros sobredichos. Y duque tanto quiere decir como caudillo, guiador de hueste, que tomó este oficio antiguamente de mano del emperador, y porque este oficio era muy honrado, heredaron los emperadores a los que lo tenían de grandes tierras que son ahora llamados ducados y son por ellos vasallos del imperio. Y conde tanto quiere decir como compañero que acompaña comúnmente al emperador o al rey haciéndole servicio señalado; y algunos condes había a los que llamaban palatinos, que muestra tanto como condes de palacio, porque en aquel lugar los acompañaban y les hacían servicio todo el tiempo; y a las heredades que fueron dadas a estos oficiales dijeron condados. Y marqués tanto quiere decir como señor de alguna gran tierra que está en comarca de reinos. Y juge tanto quiere decir como juzgador y no acostumbraron llamar este nombre a ningún señor fuera de los cuatro señores que juzgan y señorean en Cerdeña. Y vizconde tanto quiere decir como oficial que tiene lugar de conde.

Título 3. Cuál debe ser el rey en sí mismo y primeramente en sus pensamientos

Hombre según naturaleza tiene en sí tres cosas:
La una es pensamiento con el que aprecia los hechos que ha de hacer; la otra, palabra, con que los muestra; la tercer, obra, con que convierta en obra lo que piensa. Y por ello pues que en el título antes de este hablamos

de cuál debe el rey en cuanto a Dios, queremos aquí decir cuál ha de ser en sí mismo, y de los pensamientos que hay dentro de él.

Ley 1

Pensamiento es cuidado con que aprecian los hombres las cosas pasadas, y las de luego y las que han de ser; y dícenle así porque con él pesa el hombre todas las cosas de las que le viene cuidado a su corazón.

Ley 2

Nace el pensamiento del corazón del hombre y debe ser hecho no con ensañamiento, ni con gran tristeza, ni con mucha codicia ni arrebatadamente, mas con razón y sobre cosas de las que venga provecho, o de las que se pueda guardar de daño, y porque esto se pueda mejor hacer, dijeron los sabios que era menester que el rey guarde su corazón en tres maneras: la primera, que no lo vuelva con codicia ni con grandes cuidados para lograr honras excesivas, sin provecho, la segunda, que no codicie grandes riquezas, además, la tercera, que no ame ser muy vicioso.

Título 4. Cuál debe ser el rey en sus palabras

Palabra es donaire, que los hombres tienen tan solamente y no otro animal ninguno. Y pues que en el título de antes de este hablamos de cuál debe el rey ser en sus pensamientos, queremos aquí decir cuál ha de ser en las palabras que nacen de ellos.

Ley 1

Según dijeron los sabios, palabra es cosa que cuando es dicha verdaderamente muestra con ella aquel que la dice lo que tiene en el corazón, y tiene muy gran provecho cuando se dice como debe, pues por ellos se entienden los hombres los unos a los otros de manera que hacen sus hechos en uno más desembarazadamente. Y por ello todo hombre, y mayormente el rey, se debe mucho guardar en su palabra, de manera que sea considerada y pensada antes que la diga, pues después que sale de la boca no puede hombre hacer para que no sea dicha.

Ley 2

Cuatro maneras dijeron los sabios que hay de palabras: la primera, cuando dice un hombre palabras convenientes, la segunda cuando las dice sobejanas; la tercera, cuando las habla menguadas, la cuarta, cuando son inconvenientes. Y convenientes son cuando las dice apuestamente y con cumplimiento de razón; excesivas son cuando se dicen de más o sobre cosas que no convengan a la naturaleza del hecho sobre el que se deben decir. Y sobre esta razón habló Aristóteles al rey Alejandro como en manera de consejo cuando le dijo que no convenía al rey ser muy hablador, ni que dijese a muy grandes voces lo que hubiese de decir, fuera de lugar donde conviniese, porque el uso de las muchas palabras envilece al que las dice, y otrosí las grandes voces sácanle de mesura, haciéndole que no hable apuesto. Y por esto debe el rey guardar que sus palabras sean iguales y en buen son, y las palabras que se dicen sobre razones feas y sin provecho, que no son hermosas ni apuestas al que las habla, ni otrosí el que las oye no podría tomar buena advertencia ni buen consejo, están de más, y llámanlas cazurras, porque son viles y desapuestas, y no deben ser dichas a hombres buenos, cuanto más en decirlas ellos mismos y mayormente el rey. Y otrosí palabras torpes y necias no conviene al rey que las diga, y estas tienen muy gran daño a los que las oyen y muy mayormente a los que las dicen. Y sobre esto dijo Séneca el filósofo que fue de Córdoba, que toda cosa es fea de hacer no está a bien decirla declaradamente, y aún dijo más, que las malas palabras echan a perder las buenas costumbres.

Ley 3

Menguadas no deben ser las palabras del rey, y serían tales en dos maneras: la primera, cuando se partiese de la verdad, y dijese mentira a sabiendas, en daño de sí mismo, o de otro, pues la verdad es cosa derecha e igual, y, según dijo Salomón, no quiere decir desviación ni torcimiento, y además dijo nuestro señor Jesucristo por sí mismo que Él era la verdad. Y por esto los reyes que tienen su lugar en la tierra, y a quienes pertenece guardarla, mucho deben procurar que no sean contra ella diciendo palabras mentirosas. La segunda manera de mengua de hablar sería cuando dijese las palabras tan breves y tan aprisa que no las pudiesen entender aquellos que las oyesen, y según dijeron los sabios, comoquiera que un hombre debe hablar con pocas palabras, por eso no lo debe hacer en manera que no muestre bien y abiertamente lo que dijere; y esto debe el rey guardar más que otro hombre, pues si no lo hiciese, tendrían los que oyesen que lo hacía por mengua de entendimiento o por embargo de razón. Y además, cuando él mintiese en sus palabras no lo creerían los hombres que lo oyesen, aunque dijese verdad, y tomarían de allí ocasión para mentir; otrosí, cuando mostrase su razón de manera que no le entendiesen, no le sabrían responder ni aconsejar en lo que dijese.

Ley 4

Inconvenientes no deben ser las palabras del rey, y serían tales de dos maneras: la primera, como si las dijese en gran alabanza de sí, pues esta es cosa de que está mal a todo hombre, porque si él bueno fuere, sus obras le alabarían, y según dijo Séneca; el filósofo: «quien mucho se alaba envilece su honra» y otrosí dijo el rey Salomón; «la boca de otro te alabe y no la tuya» que por la ajena es hombre alabado y no por la suya. Otrosí no debe alabar a otro diciendo de él más bien de lo que hay en él, porque tal alabanza como esta es lisonja, que quiere tanto decir como loor engañosa, y es cosa que está mal a todo hombre que lo hace, y mayormente al rey; y por esto dijo Séneca «quien alabar quiere a toro, que lo debe hacer parcamente. Por lo que de todas estas palabras que dicho hemos, se debe el rey guardar mucho, y sin el mal efecto que haría en decirlas, podría de ellos venir gran daño a su gente, porque los hombres que las oyesen las tomarían por ciertas, de manera que quedarían infamados aquellos contra quienes las dijesen; y sobre esto aconsejó Aristóteles al rey Alejandro diciéndole que guardase mucho las palabras que decía, porque de la boca del rey salía vida y muerte para su pueblo y honra y deshonra, y mal y bien. Y para esto hacer, es bien necesario que ruegue a Dios que le ayude en ello, así como dijo el rey David en su corazón: «Pon, Señor, guarda a mi boca y cerradura de puerta a los labios».

Ley 5

Daño muy grande viene al rey y a los otros hombres cuando dijeren palabras malas o villanas o como no deben, porque después que fueren dichas, no pueden hacer que dichas no sean. Y por ella dijo un filósofo que el hombre debe más callar que hablar, y guardarse de soltar la lengua ante los hombres... pues bien, así como el cántaro quebrado se conoce por el sonido, otrosí el seso de hombre es conocido por su palabra.

Título 5. Cuál debe ser en sus obras

Ley 2

En tiempo conveniente debe el rey comer y beber cada vez que lo pudiese hacer, así que no sea temprano ni tarde, y otrosí que no coma sino cuando hubiere ganas; y de tales cosas que le tengan recio y sano, y no le estorbe el entendimiento; y esto, que se lo den bien adobado y apuestamente; y según dijeron los sabios, el comer fue puesto para vivir, que no el vivir para comer; y aun dijeron que una de las noblezas que el rey debe haber en sí es gobernarse bien, y apuestamente y en su provecho. Y de esto dijo el rey Salomón: «Bienaventurada es la tierra que tiene noble rey por señor, y los principales de ella comen en las sazones que deben más para mantenimiento de sus cuerpo que por otro exceso» y de los que contra eso hacen dijo: «Ay de la tierra de la que el rey es niño y los principales de ella comen muy de mañana». Y semejanza de niño puso, porque los niños prefieren comer que otra cosa. Y del beber decimos que es una de las cosas del mundo de que el rey se debe mucho guardar, porque esto no se debe hacer sino en las sazones que fuere menester al cuerpo, y aun entonces muy mesuradamente. El vino tiene gran poder y es cosa que obra contra toda bondad, pues él hace a los hombres desconocer a Dios y a sí mismos, y descubrir los secretos y olvidar los juicios, y mudar y cambiar los pleitos, y sacarlos de justicia y de derecho, y aun sin todo esto enflaquece al hombre el cuerpo, y mengua el seso y hácele caer en muchas enfermedades y morir más pronto que debería.

Ley 3

Viles ni inconvenientes mujeres el rey no debe traer para hacer linaje, comoquiera que naturalmente debe codiciar tener hijos que permanezcan en su lugar, así como los otros hombres, y de esto se debe guardar por dos razones: la una, porque no envilezca la nobleza de su linaje, y la otra, que no los haga en lugares donde no conviene, pues entonces envilece el rey su linaje cuando usa de viles mujeres o de muchas, porque si hubiere hijos de ellas, no será él por esto tan honrado ni su señorío y además que no los habría derechamente, según la ley manda. Y siguiendo mucho las mujeres en esta manera, ocurre por ello muy gran daño al cuerpo, y piérdese por él el alma, que son dos cosas que están mal en todo hombre y mayormente en el rey y por esto dijo el rey Salomón: «el vino y las mujeres, cuando lo usan, hacen a los sabios renegar de Dios».

Ley 4

No tan solamente debe el rey ser guardado en las dos maneras de obrar que son de dentro del cuerpo, según mostramos en las leyes antes de esta, más aún, se debe guardar de otras dos que son de fuera y ven todos los días los hombres. Y la primera de la que queremos ahora hablar es el continente, pues en esto debe el rey ser muy apuesto, tanto en su andar como en el estar en pie, y otrosí estando sentado y cabalgando y otro tal cuando comiere o bebiere, y otrosí en su yacer, y aun cuando dijese alguna razón. Y el andar no conviene que lo haga muy aprisa ni muy despacio; otrosí estar mucho en pie no debe, si no fuese en la iglesia oyendo las horas, o por cosa que no pudiese excusar. Ni otrosí le estará bien sentarse mucho en un lugar, o mudarse a menudo de un lugar a otro: Eso mismo sería en el cabalgar, y aún más, que no lo debe hacer por la villa muy aprisa, ni en camino muy despacio, en el comer y el beber debe poner atención que lo haga muy apuestamente, porque es cosa en que no se pueden los hombres muy bien guardar por la gran codicia que tienen en ello. Y por ello debe el rey ser muy apercibido que no lo haga muy aprisa, ni otrosí de yacer torpemente, ni aun cuando yaciera en su lecho, no debe yacer muy encogido ni atravesado, como algunos que no saben donde han de tener la cabeza ni los pies. Mas sobre todo esto debe guardar que haga buen continente cuando hablare, señaladamente con la boca, y con la cabeza y con las manos, que son miembros que mueven mucho los hombres cuando hablan; y por ello ha de guardar que lo que quisiere decir que más lo muestre por palabras que por señales. Y porque los hombres toman ejemplo de ellos y de lo que les vean hacer, y sobre esto dijeron por ellos que son como un espejo en que los hombres ven su semejanza de apostura o de enatieza.

Ley 5

Vestiduras hacen conocer mucho a los hombres por nobles o por viles, y por ello los sabios antiguos establecieron que los reyes vistiesen paños de seda con oro y con piedras preciosas, porque los hombres pudiesen conocer luego que los viesen a menos de preguntar por ellos. Y otrosí que trajesen los frenos de las sillas en que cabalgan de oro y de plata y con piedras preciosas y aun en las grandes fiestas cuando hacían sus cortes trajesen coronas de oro con piedras muy nobles y ricamente obradas.

Ley 6

Costumbres y manera debe tener el rey muy buenas, pues aunque fuese apuesto en su continente y en sus vestiduras, si las costumbres y las maneras no fuesen buenas, habría gran discordancia en sus hechos por la que menguaría mucho en su nobleza y en su apostura. Y por ello, porque los hombres tienen que costumbres y manera es una cosa porque nacen de un lugar, cuanto en hacer los hombres sus hechos por ellas, nos queremos mostrar qué diferencia hay, según los sabios antiguos dijeron y las costumbres son las bondades que un hombre tiene en sí y gana por largo uso, y las maneras son aquellas que un hombre hace con sus manos por sabiduría natural.

Ley 16

Acucioso debe el rey ser en aprender los saberes, pues por ellos entenderá las cosas de raíz y sabrá mejor obrar en ellos y otrosí, por saber leer, sabrá mejor guardar sus secretos y ser señor de ellos, lo que de otra manera no podría tan bien hacer, y por la mengua de no saber estas cosas habría por fuerza de meter otro que los supiese, y le podría ocurrir lo que dijo el rey Salomón: que «el que mete su secreto en poder de otro hácese su siervo, y quien lo sabe guardar es señor de su corazón»; lo que conviene mucho al rey. Y aun sin todo esto, por la escritura entenderá mejor la fe, y sabrá más cumplidamente rogar a Dios, y aun por el leer puede él mismo saber los hechos granados que pasaron, de lo que aprenderá muchos buenos ejemplos. Y no tan solamente tuvieron por bien los sabios antiguos que los reyes supiesen leer, más aún, que aprendiesen de todos los saberes para poderse aprovechar de ellos, y en esta razón dijo el rey David aconsejando a los reyes que fuesen entendidos y sabios, pues que ellos han de juzgar la tierra y eso mismo dijo el rey Salomón a su hijo: «que los reyes aprendiesen los saberes y no los olvidasen, pues por ellos habían de juzgar y mantener a las gentes». Y Boecio, que fue muy sabio caballero, dijo que no conviene tanto a otro hombre al rey saber los buenos saberes, porque su sabiduría es muy provechosa a su gente, como que por ella han de ser mantenidos con derecho; y sin duda ninguna cosa tan grande como esta no la podría ningún hombre cumplir, a menos de buen entendimiento y gran sabiduría. Y así el rey que despreciase aprender los saberes, despreciaría a Dios de quien vienen todos, según dijo el rey Salomón: que «todos los saberes vienen de Dios, y con Él son siempre»; y aún se despreciaría a sí mismo; y puesto que por el saber quiso Dios que se extremase el entendimiento de los hombres de los otros animales, cuanto el hombre menos hubiese de ellos, tanto menor diferencia habría entre él y las bestias. Y el rey que estoy hiciese, le ocurriría lo que dijo el rey David: «el hombre cuando vive en honra y no la entiende, hácese semejante a las bestias, y es tal como ellas».

Ley 20

Mañoso debe el rey ser y sabio de otras cosas que se vuelven en gusto y en alegría para poder mejor sufrir los grandes trabajos y pesares cuando los hubiere. Y para esto, una de las cosas que hallaron los antiguos que más aprovecha es la caza, de cualquier manera que sea, pues ella ayuda mucho a menguar los pensamientos y la saña, lo que es más menester al rey que a otro hombre; y sin todo esto da salud, pues el trabajo que en ella toma, si es con mesura, hace comer y dormir bien, que es la mayor parte de la vida del hombre; y el placer que en ella recibe es otrosí gran alegría como apoderarse de las aves y de las bestias bravas, y hacerles que le obedezcan y le sirvan conduciéndole las otras a su mano. Y por esta los antiguos tuvieron que conviene mucho esto a los reyes más que a los otros hombres.

Título 6 Cuál debe ser el rey con su mujer y ella con él

Ley 1

Casamiento es cosa que, según nuestra ley, una vez que es hecho, no se puede partir sino por razones señaladas. Y por ello el rey debe cuidar que aquella con quien casare haya en sí cuatro cosas: la primera, que venga de buen linaje; la segunda, que sea hermosa, la tercer, que sea bien acostumbrada; la cuarta, que sea rica, pues cuanto ella de mejor linaje fuere, tanto será él más honrado por ello, y los hijos que de ella hubiera serán más nobles y mejor considerados. Otrosí cuanto más hermosa fuere, tanto más la amará, y los hijos que de ella hubiera serán más hermosos y más apuestos, lo que conviene mucho a los hijos de los reyes, que sean tales que parezcan bien entre los otros hombres; y cuánto de mejores costumbres fuere, tanto mayores placeres recibirá de ella y sabrá mejor guardar la honra de su marido y la suya; otrosí cuanto más rica fuere, tanto mayor provecho vendría de ello al rey y al linaje que de ella hubiere, y aun a la tierra donde fuere.

Ley 2

Amar debe el rey a la reina su mujer por tres razones: la primera, porque él y ella por casamiento, según nuestra ley son una cosa, de manera que no se pueden separar, sino por muerte o por otras cosas ciertas, según manda la santa iglesia, la segunda, porque ella solamente debe ser, según derecho, su compañía en los sabores y en los placeres; y otrosí ella ha de ser su aparcera en los pesares y en los cuidados, la tercera, porque el linaje que de ella tiene o espera tener quede en su lugar después de su muerte.

Título 7. Cuál debe ser el rey con sus hijos y ellos con él

Ley 1

Infantes llaman en España a los hijos de los reyes, y ellos deben en sí ser nobles y de buenas mañas y sin ninguna maldad, por razón de la nobleza que les viene de parte del padre y de la madre; y tomaron este nombre de infantes, que es palabra del latín que quiere tanto decir como mozo, menor de siete años, que es sin pecado y sin mancilla. Y por eso deben los reyes hacer porque sean sus hijos tales y amarlos mucho.

Ley 2

Vehemencia debe tener el rey en hacer criar bien a sus hijos, con gran bondad y muy limpiamente. Y esto por dos razones; la una de ellas es según naturaleza; la otra, según entendimiento, pues naturalmente todas las cosas que tienen hijos se desviven por criarlos y darles abundancia de lo que les es menester cuanto más pueden, cada una según su naturaleza, y si esto hacen los animales, que no tienen entendimiento cumplido, mucho más lo deben hacer los hombres en quienes hay saber y conocimiento, y mayormente los reyes, porque todos sus hechos han de ser cumplidos y abundados más que los de los otros hombres, y cuando sus hijos fueren así criados con gran abundancia, crecerán por ello más pronto y serán más sanos y más recios y tendrán más nobles corazones. La otra razón que es según entendimiento, que sean criados muy limpiamente y con gran apostura, y muy conveniente cosa es que los hijos de los reyes sean limpios y apuestos en todos sus hechos: lo uno por hacerlos más nobles en sí mismos, y lo otro por dar con ello buen ejemplo a los otros.

Ley 3

Hacer debe el rey guardar a sus hijos en dos maneras: la primera que no hagan contra ellos ni les digan cosa que sin razón sea, por la que ellos menguasen en su bondad ni en su honra; la segunda, que no consientan a ellos que hagan ni digan cosa que les esté mal, ni de la que les venga daño, pues todo el amor ni la crianza que dijimos en estas otras leyes no les valdría nada, si la de esta manera no fuese. Y los que primeramente deben hacer esta guarda han de ser el rey y la reina, y esto es en darles amas sanas y bien acostumbradas y de buen linaje, en manera que por su crianza de ellas no reciban muerte o enfermedad o malas costumbres, pues bien así como el niño se gobierna y se cría del ama desde que le da la teta hasta que se la quita, y porque el tiempo de esta crianza es más largo que el de la madre, por ello no puede ser que no reciba el niño mucho del continente y de las costumbres del ama. Por eso los sabios antiguos que hablaron de estas cosas naturalmente dijeron que los hijos de los reyes deben tener tales amas que tenga leche bastante, y sean bien cumplidas y sanas y hermosas y de buen linaje y de buenas costumbres, y señaladamente que no sean muy sañudas, pues si tuvieran abundancia de leche y fueren bien cumplidas y sanas, criarán los niños sanos y recios; y si fueren hermosas y apuestas, las amarán más los hijos que críen y habrá mayor placer cuando las vieren y se dejarán mejor criar.

Ley 4

Niños siendo los hijos de los reyes, es menester que los hagan guardar el padre y la madre en la manera que dijimos en la ley antes de esta, y más, después que fueren mozos, conviene que les den ayos que los guarden y los agracien en su comer y en su beber y en su hablar y en su continente, y de manera que lo hagan bien y apuestamente según que les conviene. Y ayo tanto quiere decir en el lenguaje de España como hombre que es dado para nutrir al mozo, y ha de tener todo su entendimiento para mostrarle como haga bien, y dijeron los sabios que tales son los mozos para aprender las cosas mientras son pequeños, como la cera blanda cuando la ponen en el sello, que cuando más tierna, más pronto aprehende en ella lo que está en el sello figurado. Mas si se las quisiesen mostrar cuando fuesen mayores, y comenzasen ya a entrar en mancebía, no lo podrían hacer tan ligero, a menos de que antes no los ablandaran con grandes apremios, y aunque las aprendiesen entonces, las olvidarán más pronto por las otras cosas a las que ya estaban acostumbrados.

Ley 5

Sabios hubo que hablaron de como los ayos deben de nutrir a los hijos de los reyes, y mostraron muchas razones por las que los deben acostumbrar a comer y a beber bien y apuestamente. Y dijeron que la primera cosa que los ayos deben hacer aprender a los mozos es que coman y beban limpiamente y apuestos. Y apuestamente dijeron que les debían hacer comer, no metiendo en la boca otro bocado hasta que hubiesen comido el primero, porque sin el desaliño que manifiesta, podría por él venir tan gran daño, que se ahogarían al punto. Y no les deben consentir que tomen el bocado con todos los cinco dedos de la mano, porque no los hagan grandes; y otrosí que no coman feamente con toda la boca, más con una parte, pues se mostrarían con ello glotones, que es manera de bestias más que de hombres y de ligero no se podría guardar el que lo hiciese, que se le saliese afuera aquello que comiese, si quisiese hablar. Y otrosí dijeron que los deben acostumbrar a comer despacio y no aprisa, porque quien de otro manera lo usa, no puede bien mascar lo que come, y por ello no se puede bien moler y por fuerza se ha de dañar y tornarse en malos humores, de lo que vienen las enfermedades. Y débenles hacer lavar las manos antes de comer para que queden limpios de las cosas que antes habían tocado, porque la vianda cuanto más limpiamente es comida, tanto mejor sabe, y tanto mayor provecho hace; y después de comer se las deben hacer lavar porque las lleven limpias a la cara y a los ojos. Y limpiarlas deben con las toallas y no con otra cosa, porque sean limpios y apuestos, y no las deben limpiar en los vestidos, así como hacen algunas gentes que no saben de limpieza ni de apostura. Y aun dijeron que no deben mucho hablar mientras que comieren, porque si lo hiciesen, no podría ser que no menguasen en el comer o en la razón que dijesen; y no deben cantar cuando comieren, porque no es lugar conveniente para ello, y semejaría que lo hacían más con alegría de vino que por otra cosa. Otrosí dijeron que no los dejasen mucho bajar sobre la escudilla mientras que comiesen, lo uno porque es un gran desaliño, y lo otro, porque semejaría que lo quería todo para sí el que lo hiciese, y que otro no tuviese parte en ello.

Título 9. Cuál debe ser el rey con sus oficiales, y con los de su casa y de su corte, y ellos con él

Ley 1

Oficio tanto quiere decir como servicio señalado en que un hombre es puesto para servir al rey o al común de alguna ciudad o villa, y de oficiales los hay de dos maneras: los unos, que sirven en la casa del rey, y los otros fuera. Y por ello Aristóteles en el libro que hizo a Alejandro, en que le mostró como debía ordenar su casa y su señorío, diole semejanza del hombre al mundo, y dijo que así como el cielo y la tierra y las cosas que en ellas hay hacen un mundo que es llamado mayor, otrosí el cuerpo del hombre con todos sus miembros hace otro que es dicho menor; pues bien, así como en el mundo mayor hay movimiento y entendimiento y obra y concordancias y diferencias, otrosí lo tiene el hombre según su naturaleza. Y de este mundo menor, de que él tomó semejanza al hombre, hizo de él otra que semejó al rey y al reino, en cuál manera debe ser cada uno gobernado, y mostró que así como Dios puso el entendimiento en la cabeza del hombre, que es sobre todo el cuerpo, y el más noble lugar, y lo hizo como rey, y quiso que todos los sentidos y los miembros, tanto los que son de dentro del cuerpo, que no parecen, como los de fuera, que son vistos, que le obedeciesen y le sirviesen así como a señor, y gobernasen el cuerpo y lo amparasen así como a reino; otrosí mostró que los oficiales y los principales deben servir y obedecer al rey como a su señor, y amparar y mantener el reino como a su cuerpo, pues que por ellos se ha de guiar. Otrosí, a semejanza de esto dijo que debía el rey tener oficiales que le sirviesen de estas tres maneras: los unos, en las cosas de secreto, y los otros, para guarda y para mantenimiento y para gobierno de su cuerpo, y los otros, en las cosas que pertenecen a la honra, a la guarda y al amparo de su tierra.

Ley 3

Sabida cosa es que el hombre tiene en sí dos naturalezas: una espiritual, que es el alma, y otra temporal que es el cuerpo. Y por ello, comoquiera que el capellán del rey ha de ser de los más honrados y mejores prelados de su tierra, y que por honra de él y de su corte debe usar su oficio en las grandes cosas y en las fiestas, o cuando le mandare según entendiere que le conviene, con todo esto el capellán que anda con él cotidianamente y le dice las horas cada día, debe ser un hombre letrado y de buen seso y leal y de buena vida y sabedor del uso de la iglesia. Y letrado es necesario que sea porque entienda bien las escrituras, y las haga entender al rey, y le sepa dar consejo de su alma cuando se le confesare; y otrosí debe ser de buen seso y leal porque entienda bien como le debe tener secreto de lo que le dijere en su confesión, y que le sepa apercibir en las cosas de que se debe guardar; y a él es obligado confesarse más que a otros, y de él tiene que recibir los sacramentos de la santa Iglesia. Y sin todo esto debe ser sabedor del uso de la Iglesia como antes dijimos, de manera que las horas que dijere al rey y a los otros que fueren con él, que la diga bien y apuestamente según conviene.

Ley 4

Chanciller es el segundo oficial de la casa del rey de aquellos que tienen oficios de secretos, pues bien, así como el capellán es medianero entre Dios y el rey espiritualmente en hecho de su alma, otrosí lo es el chanciller entre él y los hombres cuanto en las cosas temporales; y esto es porque todas las cosas que el rey haya de librar por cartas, de cualquier manera que sean han de ser hechas con su sabiduría, y él las debe ver antes que las sellen por guardar que no sean dadas contra su derecho, por manera que el rey no reciba por ellas daño ni vergüenza, y si hallase que alguna había entre ellas que no fuese así hecha, débela romper o desatar con la péñola, lo que dicen en latín cancellarre, y de esta palabra tomó nombre chanciller. Y por ello el rey debe escoger tal hombre para este oficio que sea de buen linaje, y tenga buen seso natural, y sea bien razonado y de buena memoria, y de buenas costumbres y que sepa leer y escribir, tanto en latín como en romance; y sobre todo, que sea hombre que ame al rey naturalmente, y a quien él pueda acusar por el yerro, si lo hiciere, por el que merezca pena. Y de buenas costumbres y apuesto debe ser, porque sepa bien recibir los que a él vinieren, y honrar aquel lugar que tiene. Y leer y escribir conviene que sepa en latín y en romance, porque las cartas que le mandare hacer sean dictadas y escritas bien y apuestamente, y otrosí las que enviaren al rey, que las sepa bien entender.

Ley 5

Séneca se llamó un sabio que fue natural de Córdoba, y habló en todas las cosas muy con razón, y mostró como los hombres deben ser apercibidos en las cosas que han he hacer, acordándose sobre ellas antes que las hagan y dijo así: «que uno de los sesos que el hombre mejor puede tener es aconsejarse sobre todos los hechos que quisiere hacer antes que los comience». Y este consejo debe tomar con hombres que tengan en sí dos cosas: la primera, que sean sus amigos, la segunda que sean bien entendidos y de buen seso, pues si los tales no fuesen, le podría por ello venir gran peligro, porque nunca los que a hombre desaman le pueden bien aconsejar ni lealmente.

Ley 6

Cabeza del reino llamaron los sabios al rey por las razones que antes son dichas, y a los hombres nobles del reino pusieron como miembros, y bien así como los miembros hacen al hombre hermoso y apuesto, y se ayuda de ellos, otrosí los hombres honrados hacen el reino noble y apuesto, y ayudan al rey a defenderlo y acrecentarlo. Y nobles son llamados en dos maneras: o por linaje o por bondad. Y como cualquier linaje es noble cosa, la bondad la sobrepasa y vence; más quien tiene ambas las dos, este puede ser dicho en verdad ricohombre, pues que es rico por linaje y hombre cumplido por bondad.

Ley 8

Es escritura cosa para que quede memoria de los hechos, y por esto los escribanos que la han de hacer es necesario que sean buenos y entendidos, y mayormente los de la casa del rey, pues a estos conviene que tengan buen sentido y buen entendimiento, y que sean leales y que sepan guardar los secretos, pues aunque el rey y el chanciller y el notario manden hacer las cartas en secreto, con todo eso, si ellos no lo mantuviesen, no se podrían guardar de su daño, porque todas las cartas ellos las han de escribir. Y apercibidos es necesario que sean para escuchar bien las razones que les dijeren, de manera que las entiendan y sepan escribir y leer bien y correctamente, y aun deben ser sin codicia, porque no tomen ninguna cosa, sino lo que el rey les mandare tomar; y acuciosos deben ser ara librar a los hombres pronto, y deben ser tales a quienes pueda el rey acusar por el yerro, si lo hicieren, y a su oficio pertenece el escribir los privilegios y las cartas fielmente según las notas que les dieren, no menguando ni creciendo ninguna cosa.

Ley 10

Física, según mostraron los sabios antiguos, tanto quiere decir como sabiduría para conocer las cosas según naturaleza cuáles son en sí, y qué obra hace cada cual en las otras cosas; y por ella lo que esto bien saben, pueden hacer muchos bienes y quitar muchos males, y señaladamente guardando la vida y la salud a los hombres, desviando de ellos las enfermedades por las que sufren grandes lacerías y vienen a la muerte. Y los que esto hacen son llamados físicos, que no tan solamente han de esforzarse por quitar las enfermedades a los hombres, más guardarles aún la salud de manera que no enfermen, y por esto es menester que los que el rey trajere consigo, que sean muy buenos.

Ley 25

Almojarife es palabra del arábigo que quiere tanto decir como oficial que recauda los derechos de la tierra por el rey los que se dan por razón de portazgo y de diezmo y de censo de tiendas, y este u otro cualquiera que tuviese las rentas del rey en fieldad debe ser rico y leal y sabedor de recaudar y de aliñar y de crecerle las rentas y debe hacer las pagas a los caballeros y a los otros hombres, según manda el rey, no menguándoles en ello ninguna cosa, ni dándoles una cosa en paga por otra sin su placer

Ley 27

Corte es llamado el lugar donde está el rey y sus vasallos y sus oficiales con él, que le han comunicado de aconsejar y servir, y los otros del reino que se llegan allá o por honra de él, por alcanzar derecho, o por hacer recaudar las otras cosas que han de ver con él, y tomó este nombre de una palabra del latín que dicen cobors, que muestra tanto como ayuntamiento de compañías, pues allí se allegan todos aquellos que han de honrar y aguardar al rey y al reino. Y otrosí tiene nombre en latín, curia, que quiere tanto decir como lugar donde está la cura, de todos los hechos de la tierra, pues allí se ha de considerar lo que cada uno ha de haber según su derecho o su estado. Otrosí es dicho corte, según lenguaje de España, porque allí está la espada de la justicia con que se han de cortar todos los males tanto de hecho como de dicho, así los tuertos, como las fuerzas y las soberbias que hacen los hombres y dicen, por las que se muestran por atrevidos y denodados; y otrosí los escarnios y los engaños, y las palabras soberbias y natías que hacen a los hombres envilecer y ser raheces. Y los que de esto se guardaren y usaren de las palabras buenas y apuestas, los llamarán buenos y apuestos y señalados; y otrosí los llamarán corteses, porque las bondades y las otras buenas enseñanzas que llaman cortesía, siempre las hallaron y las apreciaron en las cortes. Y por ello fue en España siempre acostumbrado por los hombres honrados enviar a sus hijos a criar a las cortes de los reyes, porque aprendiesen a ser corteses, y enseñados y quitos de villanía y de todo yerro, y se acostumbrasen bien, así en dicho como en hecho, porque fuesen buenos; y los señores tuviesen razón en hacerles bien. Por lo que a los que tales fueren, debe el rey allegar a sí y hacerles mucha honra y mucho bien, y a los otros alejarlos de la corte, y castigarlos de los yerros que hicieren, para que los buenos tomen de ellos motivo para usar del bien, y los malos se castiguen de no hacer en ella cosas desaguisadas, y la corte quede siempre exenta de todo mal, y abundada y cumplida de todo bien.

Ley 28

Pusieron los sabios antiguos semejanza de la mar a la corte del rey, pues bien así como la mar es grande y larga, y cerca toda la tierra, y caben en ella pescados de muchas naturalezas, otrosí la corte debe ser el espacio para caber y sufrir y dar recaudo a todas las cosas que a ella vinieren de cualquier naturaleza que sean; pues allí se han de librar los grandes pleitos y tomarse los grandes consejos y darse los grandes dones; y por eso allí son necesarios largueza y grandeza y espacio para saber los enojos y las quejas y los desentimientos de los hombres que a ella vinieren, que son de muchas maneras, y cada uno quiere que pasen las cosas según su voluntad y su entendimiento. Por lo que por todas estas razones es necesario que la corte sea larga como la mar; y aun sin estas hay otras en que le semeja, pues bien así como los que andan por la mar en el buen tiempo van derechamente y seguros con lo que llevan y arriban al puerto que quieren, otrosí la corte, cuando en ella son librados los pleitos con derecho van los hombres en salvo y alegremente a sus lugares con lo suyo, y de allí en adelante no se lo puede ninguno contrastar, ni han de haber por ello alzada a otra parte. Y bien así como los marineros se guían en la noche oscura por la aguja, que les es medianera entre la estrella y la piedra, y les muestra por donde vayan, tanto en los malos tiempos como en los buenos, otrosí los que han de ayudar y aconsejar al rey se deben siempre guiar por la justicia, que es medianera entre Dios y el mundo en todo tiempo, para dar galardón a los buenos y pena a los malos, a cada uno según su merecimiento.

Ley 29

Palacio es dicho aquel lugar donde el rey se junta paladinamente para hablar con los hombres, y esto es de tres maneras: o para librar los pleitos o para comer o para hablar en agasajado. Y porque en este lugar se juntan los hombres para hablar con él más que en otro, por eso lo llaman palacio, que quiere tanto decir como lugar paladino, y por ella concierne que no sean allí dichas otras palabras sino verdaderas y muy ciertas para librar el pleito derechamente. Y si es en el comer, deben ser cumplidas según conviene a aquel lugar, y no de más, y no deben de estar muy callando, decir, como hombres de orden, ni deben otrosí dar grandes voces, pues el palacio en aquella sazón no ha de ser muy de secreto, pues sería de menos, ni de gran vuelta, que sería de más, porque mientras que comieren, no han de menester departir ni retraer ni hablar de otra cosa, sino de aquello que conviene para gobernarse bien y apuestamente. Y cuando es para hablar como en manera de agasajado, así como para departir o para retraer, o para jugar de palabra, ninguna de estas no debe hacer sino como conviene, pues el departir debe ser de manera que no mengüe el seso al hombre por él, así como ensañándose, pues esta es cosa que le saca muy pronto de su sosiego, mas conviene que lo haga de manera que se acreciente el entendimiento por él, hablando de las cosas con razón para llegar a la verdad de ellas.

Ley 30

Retraer en los hechos o en las cosas como fueron o son pueden ser es gran binestancia a los que en ellos saben avenir. Y para esto ser hecho como conviene, deben allí ser consideradas tres cosas: tiempo y lugar y manera. Y tiempo: deben cuidar que convenga a la cosa sobre la que quieren retraer, mostrando por buena palabra o por buen ejemplo o por buena hazaña otra que semeje con aquella para alabar la buena o para desatar la mala. Y otrosí deben considerar el lugar, de manera que lo retrayeren, que lo digan a tales hombres que se aprovechen de ello, así como si quisieren aconsejar a hombre escaso diciéndole ejemplos de hombres grandes, y al cobarde de los esforzados. Y manera: deben cuidar de retraer en manera que digan por palabras cumplidas y apuestas lo que dijeren y se semeje que sabían bien aquello que dicen, otrosí, que aquellos a quienes lo dijeren tengan gusto en oírlo y en aprenderlo; y en el juego deben cuidar que aquello que dijeren sea apuestamente dicho, y no sobre aquella cosa que fuere en aquel lugar a quien jugaren, mas a juegos de ello; como si fuere cobarde, decirle que es esforzado, y al esforzado, jugarle de cobardía, y esto debe ser dicho de manera que aquel con quien jugaren no se tenga por denostado, y más, lo tomen con placer, y que tengan con qué reír de ello, tanto él, como los otros que oyeren. Y otrosí, el que lo dijere, que lo sepa bien reír en el lugar donde conviniere, pues de otra manera no sería juego; y por eso dice el verbo antiguo que no es juego donde hombre no ríe, pues sin falta el juego con alegría se debe hacer, y no con saña ni con tristeza. Por eso quien se sabe guardar de palabras excesivas y desapuestas, y usa de estas que dicho hemos en esta ley, es llamado palaciano, porque estas palabras usaron los hombres entendidos en los palacios de los reyes más que en otros lugares, y allí recibieron más honra los que las sabían.

Título 10. Cuál debe el rey ser comunalmente a todos los de su señorío

Ley 1

Cuidan algunos hombres que pueblo se llama a la gente menuda, así como menestrales y labradores, mas esto no es así, y antiguamente en Babilonia y en Troya, que fueron lugares muy señalados y ordenaron todas las cosas con razón y pusieron nombre a cada una según convenía, pueblo llamaron al ayuntamiento de todos los hombres comunalmente: de los mayores y de los menores y de los medianos, pues todos estos son menester y no se pueden excusar, porque se han de ayudar unos a otros para poder bien vivir y ser guardados y mantenidos.

Ley 2

Amar debe ser mucho el pueblo por su rey, y señaladamente les debe mostrar amor de tres maneras: la primera, teniendo merced de ellos, haciéndoles bien cuando entendiere que lo han menester, puesto que él es alma y vida del pueblo, la segunda, teniéndoles piedad y doliéndose de ellos cuando les hubiese de dar alguna pena con derecho; puesto que él es cabeza de todos, dolerse debe del mal que recibieren, así como de sus miembros, la tercera, teniéndoles misericordia para perdonarles a veces la pena que merecieren por algunos yerros que hubiesen hecho, pues comoquiera que la justicia es buena cosa en sí, y de la que debe el rey usar siempre, con todo es hácese muy cruel cuando a veces no es templada con misericordia; y por eso la loaron mucho los sabios antiguos y los santos, y señaladamente dijo el rey David en esta razón que entonces es el reino bien mantenido cuando la misericordia y la verdad se hallan en uno, y la paz y la justicia se besan. Y honrarlos debe otrosí de tres maneras: la primera, poniendo a cada uno en el lugar que le conviniere por su linaje o por su bondad o por su servicio; y otrosí, mantenerle en el él no haciendo por lo que lo debiese perder; y entonces será asentamiento del pueblo, según dijeron los sabios; y la segunda, honrándolos con su palabra loando los buenos hechos que hicieron de manera que ganen por ellos buena fama y buen prez, la tercera, queriendo que los otros lo razonen así, y honrándolos de esta manera, será él honrado por las honras de ellos.

Ley 3

Honrar y amar y guardar y ahora queremos decir por qué razones debe él esto hacer. Y para hacerlo mejor entender, conviene que mostremos la semejanza que hizo Aristóteles al rey Alejandro en razón del mantenimiento del reino y del pueblo; y dijo el reino es como huerta, y el pueblo como árboles; y el rey es como señor de ella, y los oficiales del rey que han de juzgar y ayudar a cumplir la justicia son como labradores; y los ricos hombres y los caballeros son como asoldados para guardarla; y las leyes y los fueros y los derechos son como valladar que la cercan; y los jueces y las justicias son como paredes y setos, porque amparan que no entre allí a hacer daño. Y otro sí según esta razón dijo que debe el rey hacer en su reino primeramente haciendo bien a cada uno según lo mereciere; y esto es así como el agua que hace todas las cosas crecer; y también que adelante los buenos haciéndoles bien y honra, y corte los malos del reino con la espada de la justicia, y arranque los torticeros echándolos de la tierra porque no hagan daño en ella. Y para esto hacer, debe tener tales oficiales que sepan conocer el derecho y juzgarlo; y otrosí debe tener la caballería presta y los otros hombres de armas para guardar el reino que no reciba daño de los malhechores de dentro ni de los fuera, que son los enemigos; y débeles otrosí dar leyes y fueros muy buenos por donde se guíen y usen a vivir derechamente, y no quieran pasar de más en las cosas. Y sobre todo débeles otrosí dar leyes y fueros muy buenos por donde se guíen y usen a vivir derechamente, y no quieran pasar de más en las cosas. Y sobre todos débeles cercar con justicia y con verdad, y hacerlo tener de manera que ninguno no lo ose pasar; y haciendo así, le ocurrirá lo que dijo Jeremías en la profecía: «yo te establecí sobre las gentes y los reinos que desarraigues y desgastes, y que labres y plantes».

Título 11. Cual el rey debe amar a su tierra

Ley 1

El rey está obligado no solamente a amar y honrar y guardar a su pueblo así como dicen en el título antes de este, más aún lo debe hacer a la tierra misma de que es señor, pues que él y su gente viven de las cosas que en ella son, y tienen por ello todo lo que es menester con que cumplen y hacen todos sus hechos, derecho es que la amen y la honren y la guarden Y aunque la tierra no sea buena en algunos lugares para dar de sí pan o vino u otros frutos que no son para gobierno de los hombres, con todo eso no debe el rey querer que quede yerma ni por labrar, mas hacer saber aquello para que entendieren los hombres sabedores qué será mejor, y mandarla labrar y enderezar para eso; y podrá ser que será buena para otras cosas de las que se aprovechan los hombres y que no pueden excusar, así como para sacar de ella metales, o para pastura de ganado o para leña o madera u otras cosas semejantes que han los hombres menester. Otrosí debe mandar labrar los puentes y las calzadas, y allanar los pasos malos porque los hombres pueden andar y llevar sus bestias y sus cosas desembargadamente de un lugar a otro, de manera que no las pierdan en el pasaje de los ríos, ni en los otros lugares por donde fueren. Y debe otrosí mandar hacer hospitales en las villas donde se acojan los hombres para que no hayan de yacer por las calles por mengua de posadas; y debe hacer alberguerías en los lugares yermos donde entendiere que serán menester, porque tengan las gentes donde allegar seguramente sus cosas...

Ley 2

Como debe el rey honrar a su tierra
Honra debe el rey hacer a su tierra, y señaladamente con mandar cercar las ciudades y las villas y los castillos de buenos muros y de buenas torres, pues esto la hace ser más noble y más honrada y más apuesta; además es gran seguridad y gran amparo de todos comunalmente para en todo tiempo; otrosí debe honrar con sus palabra alabando las bondades de ella.

Ley 3

Acucioso debe el rey ser en guardar su tierra de manera que no se yermen las villas ni los otros lugares, ni se derriben los muros ni las torres ni las cosas por mala guarda. Y otrosí, que los árboles ni las viñas ni las otras cosas de que los hombres viven no las corten, ni las quemen, ni las desarraiguen ni las dañen de otra manera, ni aun por enemistad que tengan los unos contra los otros. Otrosí la deben guardar de los enemigos de fuera, de manera que no puedan en ella hacer daño.

Título 12. Cuál debe el pueblo ser en conocer y en amar y en temer a Dios

Almas de tres naturas dijo Aristóteles y los otros sabios que hay naturalmente en las cosas que viven, y a la primera de ellas llamaron alma criadera y tal como esta tienen los árboles y las plantas y todas las hierbas de la tierra, y a la segunda dijeron sentidora, y esto tienen todas las cosas que viven y se mueven naturalmente por sí mismas, y a la tercera llamaron alma razonable que tiene en sí entendimiento para saber conocer las cosas y departir en ellas en razón; y las otras dos sobredichas y esta además tienen los hombres tan solamente, y no otro animal ninguno...

Ley 1

Dos entendimientos dijeron los sabios que tiene el alma razonable; el uno, para entender a Dios y las cosas celestiales; y el otro, para entender y obrar en las temporales; y con el primer entendimiento debe conocer a Dios y qué es y cuál es, y como todas las cosas son Él, y con el segundo debe conocer las obras que Él hizo, en cuál manera las crió y como las ordenó, y el provecho que viene a los hombres de ellas, y conociéndolo así, conocerá como debe él mismo vivir y ordenar su hacienda.

Ley 2

Aquel pueblo es bienamado y enderezado a bien que pugna cuanto más puede conocer a Dios naturalmente, según dice en la ley antes de esta; y aun conviene que le conozca por creencia de la ley que es sobre naturaleza; para este conocimiento es menester que tenga en sí tres cosas: fe y esperanza y amor; y fe conviene que tenga en todas maneras porque el entendimiento del hombre no es tan poderoso que pudiese a Dios conocer cumplidamente sino por ella.

Ley 3

San Isidoro, que fue un gran filósofo, estableció muchas cosas en la santa Iglesia, y puso los nombres de cada una según conviene, y dijo que fe es cosa por la cual verdaderamente cree un hombre lo que no puede ver. Y san Pablo dijo que fe es firmedumbre de las cosas que espera un hombre tener; y es prueba de las cosas que no parecen y por eso conviene mucho al pueblo que tenga en sí verdadera fe; y Séneca el filósofo, aunque no era cristiano, tanto tuvo que era buena cosa, que dijo por ello que el que la perdía con quedaba con él ningún bien y por ello los que no la tienen, sin la pena que merecen en el otro mundo, débensela dar en este como a hombres descreídos.

Título 13. Cuál debe ser el pueblo en conocer y en amar y en temer y en guardar y en honrar y en servir al rey

Sentidora llamaron Aristóteles y los otros sabios a la segunda alma de que hicieron semejanza al rey; y según esto mostraron en qué manera se debe el pueblo mantener con el, y dijeron que así como esta alma tiene diez sentidos, que según esto debe pueblo sentir y obrar en hecho del rey diez cosas para ser honrado y amado y guardado de ellos cumplidamente.

Ley 1

Ver es el primero de los cinco sentidos de fuera con que hicieron semejanza Aristóteles y los otros sabios al pueblo, pues así como la vista cuando es sana y clara ve de lejos las cosas, y distingue las facciones y los colores de ellas, según esto debe el pueblo ver y conocer como el nombre del rey es el de Dios, y él tiene su lugar en la tierra para hacer justicia y merced, y otrosí como él es su señor temporalmente y ellos sus vasallos, y como él los ha de aconsejar y mandar, y ellos han de servir a él y obedecerle. Y por ello deben mirar muy de lejos las cosas que son a su pro y a su honra y su guarda, y ser muy acuciosos para allegarlas y acrecentarlas, y las que fueren a su daño desviarlas y apartarlas cuanto más pudieren.

Ley 2

Oír es el segundo sentido de que hablamos en la segunda ley antes de esta que tiene el alma sentidora y este puso Dios señaladamente y desembargando oye los sones y las voces desde lejos, y se paga con los que son placenteros y sabrosos, y aborrece las cosas que son fuertes y espantables, otrosí, a semejante de esto, debe el pueblo leal querer oír el bien que del rey dijeren, y trabajar en acrecerlo lo más que ellos pudieren, y deben aborrecer no querer oír de él ningún mal.

Ley 3

Oler es el tercer sentido que tiene el alma sentidora, y este puso Dios señaladamente en las narices del hombre; y bien así como las narices, cuando son sanas y desembargadas, huelen de lejos los olores, y departen los buenos de los malos, otrosí a semejanza de esto debe el pueblo que es sano en lealtad sentir de lejos las cosas de las que puede al rey venir en provecho y en honra, y placerles mucho con ellas, y allegarlas cuanto más pudieren, y competir ellos mismos por hacerlas.

Ley 4

Gustar es el cuarto sentido del alma sentidora y este puso Dios en la boca y señaladamente en la lengua; y así como el gustar distingue las cosas dulces de las amargas, y págase de las que bien saben y aborrece las otras, y la lengua es probadora y medianera de todas estas cosas, otrosí, a semejanza de esto, debe el pueblo saber bien la fama de su señor, y decirla con las lenguas y retraerla, y las palabras que fuesen en infamia de él no las ha de querer decir ni retraer en ninguna manera, y muy menos sacarlas ni buscarlas de nuevo.

Ley 5

Dios solo no puso la lengua al hombre para gustar, mas aun para hablar y mostrar su razón con ella; y bien así como le dio sentido en el gustar para distinguir las cosas sabrosas de las otras que no lo son, otrosí se lo dio en las palabras para hacer distinción entre la mentira, que es amarga y a la que aborrece la naturaleza que es sana y cumplida, y la verdad y lealtad de las que se paga el entendimiento del hombre bueno, y recibe gran gusto con ella. Y por ello el pueblo, semejante de esto, según dijeron los sabios, debe siempre decir palabras verdaderas al rey, y guardarse de mentirle llanamente y de decirle lisonja, que es mentira compuesta.

Ley 6

Tocar el quinto sentido del alma y comoquiera que es en todo el cuerpo, mayormente lo es en los pies y en las manos, y así como el tocar distingue las cosas ásperas de las blandas, y las muelles de las duras, y las frías de las calientes, otrosí a semejanza de esto debe el pueblo ir con los pies y obrar con las manos en aquellas cosas que fueren blandas y provechosas a su rey, y allegárselas de todas las maneras que pudieren, y las ásperas y duras y dañosas deben ir contra de ellas y quebrantarlas y destruirlas de manera que no reciba daño de ellas ni mal. Y sobre todas las cosas del mundo debe el pueblo guardarse de tocarle para matarle, ni para herirle, ni para prenderle.

Título 15. Cuál debe ser el pueblo en guardar al rey de sus hijos

Ley 3

Ocurre muchas veces que cuando el rey muere, queda niño el hijo mayor que ha de heredar, y los mayores del reino contienden sobre quién lo guardará hasta que sea de edad; y de esto nacen muchos males. Y por ello los sabios antiguos de España, que consideraron todas las cosas muy lentamente y las supieron guardar, por quitar todos estos males que hemos dicho establecieron que cuando el rey fuese niño, si el padre hubiese dejado hombres señalados que le guardasen mandándolo por palabra o por carta, que aquellos hubiesen la guarda de él, y que el rey lo hubiese mandado; mas si el rey finado de esto no hubiese hecho mandamiento ninguno, entonces débense juntar allí donde el rey fuere todos los mayores del reino, así como los prelados y los ricos-hombres y otros hombres buenos y honrados de las villas; y desde que fueren adjuntados, deben jurar sobre los santos Evangelios que anden primeramente en servicio de Dios y en honra y en guarda del señor que tengan y en pro comunal de la tierra y del reino; y según esto, que escojan tales hombres en cuyo poder lo metan, que lo guarden bien y lealmente.

Ley 5

Fuero o establecimiento hicieron antiguamente en España que el señorío del rey nunca fuese repartido ni enajenado. Y por ello pusieron que cuando el rey fuere finado y el otro entrare en su lugar, que luego jurase, si fuese de edad de catorce años o de allí para arriba, que nunca en toda su vida repartiese el señorío ni lo enajenase; y si no fuese de la edad de guardar; y él que otorgase después cuando fuese de la edad sobredicha, y todos los que se acertasen allí con él que jurasen guardar dos cosas: la una, aquello toca a él mismo, así como su vida y su salud y su honra y su pro; la otra, guardar siempre que el señorío sea uno, y que nunca en dicho ni en hecho consientan ni hagan porque se enajene ni se reparta. Y de esto deben hacer homenaje los más honrados hombres del reino que fueren, así como los prelados y los ricos-hombres y los caballeros hijosdalgo y los hombres buenos de las ciudades y las villas y por ello, en todas esas cosas que hemos dicho, debe el pueblo guardar que el señorío sea siempre uno, y no consienta en ninguna manera que se enajene ni se reparta.

Título 18. Que habla de cuál debe ser el pueblo en guardar y en abastecer y en defender y en dar los castillos y fortalezas del rey y del reino

Ley 6

Tener castillo de señor según fuero antiguo de España es cosa en la que existe muy gran peligro, puesto que ha de caer el que lo tuviere, si lo perdiere por su culpa, en traición, que es puesta como en igual de muerte del señor; mucho deben todos los que los tuvieren ser apercibidos en guardarlos, de manera que no caigan en ella. Y para esta guarda ser hecha cumplidamente, deben allí considerarse cinco cosas: la primera, que sean los alcaides tales como conviene para guarda del castillo, la segunda, que hagan ellos mismos lo que deben en guarda de ellos; la tercera, que tengan allí cumplimiento de hombres; la cuarta, de vianda; la quinta, de armas: Y de cada una de estas queremos mostrar como se deben hacer; y por ello decimos que todo alcaide que tuviere castillo de señor debe ser de buen linaje de padre y madre, pues si lo fuere, siempre habrá vergüenza de hacer del castillo cosa que le esté mal, ni por la que sea denostado él ni los que de él descendieren; otrosí debe ser leal porque siempre sepa guardar que el rey ni el reino no sean desheredados del castillo que tuviere; y aun es menester que sea esforzado para que no dude en prevenir los peligros que al castillo vinieren; y sabedor conviene que sea para que sepa hacer y disponer las cosas que convinieren a guarda y defensa del castillo. Otrosí no debe ser muy escaso para que los hombres gusten de estar con él de buena voluntad; y así como sería mal que fuere muy gastador de las cosas que fuesen menester para guarda del castillo; otrosí lo sería de no saber partir con los hombres lo que tuviese, cuando menester les fuese, Y no debe ser muy pobre porque no tenga codicia de enriquecerse con aquello que le dieren para la tenencia del castillo. Y además de todo esto debe ser muy acucioso en guardar bien el castillo que tuviere, y no partirse de él en tiempo de peligro; y si acaeciese que se lo cercasen o se lo combatiesen débelo amparar hasta la muerte.

Ley 9

Meter debe el alcaide en el castillo caballeros y escuderos y ballesteros y otros hombres de armas cuantos entendiere que le convienen, o según la postura que hubiere con el señor de quien lo tuviere; y debe mucho mirar que aquellos que allí metiere, si fueren hijosdalgo que no haya hecho ninguno de ellos traición ni alevosía, ni venga de linaje de traidores; y estos tales debe apoderar sobre los otros hombres que estuvieren en el castillo, porque le guarden de manera que por él pueda cumplir su derecho de él.

Y los ballesteros, que son hombres que cumplen mucho en la guarda y en la defensa del castillo, debe cuidar el alcalde que sean tales que sepan bien hacer su menester, y que haya de allí de ellos que sepan componer las ballestas y las saetas y todas las otras cosas que convienen a la ballestería. Y los otros hombres de armas que allí fueren debe cuidar que sean hombres conocidos y recios para ayudar bien y defender el castillo cuando menester fuere. Y otrosí las velas y las sobrevelas que llaman montaraces, y las rondas que andan de fuera al pie del castillo, y las atalayas que ponen de día, y las escuchas de noche, todos estos es menester que guarde el alcalde cuanto más pudiere que sean leales, haciéndoles bien y no menguándoles aquello que les debe dar, y halos de cambiar a menudo de manera que no estén siempre en un lugar.

Ley 10

Vianda es cosa sin la cual los hombres no pueden vivir, y por ello es menester que la tengan siempre, pues si en los otros lugares no la pueden excusar, mucho menos lo pueden hacer en los castillos en que han de estar como encerrados guardándolos, así que no deben salir a ninguna parte sin mandamiento del alcaide suyo; y aun sin todo esto, podría acaecer que, aunque los mandase salir, que no lo podrían hacer siendo cercados o muy guerreados por los enemigos. Y por ello es menester que en todo tiempo tenga el castillo abastecido de vianda, y mayormente de agua; que es cosa que pueden menos excusar que las otras; y si la tuvieren allí, que la sepan guardar y consumir mesuradamente porque no les falte. Otrosí se deben abastecer de pan, de aquello que entendieren que más se podría tener según el aire de aquella tierra, eso mismo deben hacer de carnes y de pescados; y no deben olvidar la sal, ni el aceite, ni las legumbres ni las otras cosas que cumplen mucho para el abastecimiento del castillo. Otrosí deben ser apercibidos de tener molinos o muelas de mano y carbón y leña y todas las otras cosas a las que llaman preseas, sin las cuales no se pueden bien ayudar de la vianda, aunque la tengan, el vestir y el calzar de los hombres, que es cosa que no pueden excusar porque les ayuda a vivir y ser apuestos.

Ley 13

Sabiduría grande y seso ha menester en defender los castillos pues aunque el esfuerzo y el ardimento son muy nobles en sí, sin embargo en las demás cosas es menester que sean ayudados por seso y por cordura; porque aquello que los hombres codician de ser vendedores, no les torne en ser vencidos. Y aunque en todos los hechos de guerra es esto muy necesario, señaladamente conviene a los que han de defender los castillos de los enemigos, porque más veces se toman por sabiduría y por arte que por fuerza.

Título 19. Cuál debe ser el pueblo en guardar al rey de sus enemigos

Ley 1

Enemistad es malquerencia con mala voluntad que tiene un hombre contra su enemigo por razón de la deshonra o del tuerto que hizo a él o a los suyos. Y hay dos maneras de enemigos: los unos de la tierra, y los otros, de fuera. Y los de la tierra son aquellos que moran o viven cotidianamente en ella; y estos son más dañosos que los de fuera, porque son como de casa y no se puede un hombre bien guardar de ellos porque tienen semejanza de bien, y hacen algunas veces muy grandes males y grandes daños a los que mal quieren.

Ley 3

Reino es llamado la tierra que tiene rey por señor, y él recibe otrosí el nombre de rey por los hechos que ha de hacer en ella manteniéndola con justicia y con derecho. Por esto, aunque el pueblo guardase al rey en todas las cosas sobredichas, si el reino no guardase de los males que allí podrían venir, no sería la guarda cumplida; y la primera guarda de estas que conviene hacer es cuando alguno se alzase en el reino para revolverlo o hacer otro daño; y a tal hecho como este deben todos venir lo más pronto que pudieren por muchas razones; y es otrosí mayor peligro, porque tal levantamiento como este, siempre se mueve con gran falsedad y señaladamente para hacer mal. Y por eso dijeron los sabios antiguos que en el mundo no había mayor pestilencia que recibir hombre daño de aquel en quien se fía, ni más peligrosa guerra que de los enemigos de quien no se guarda, que no son conocidos, mostrándose por amigos así como antes dijimos, y al rey viene otrosí gran daño porque le nace guerra de los suyos mismos, que los tiene así como hijos y criados; y viene otrosí repartimiento de la tierra de aquellos que la deben juntar, y destrucción de aquellos que la deben guardar, porque saben la manera de hacer allí mal, más que los otros que no son naturales; y por ello es así como la ponzoña, que si luego que es dada no socorren al hombre, va derechamente al corazón y mátalo

Título 20. Cuál debe ser el pueblo a la tierra de donde son naturales

Acrecentar y aumentar y henchir la tierra fue el primer mandamiento que Dios mandó al primer hombre y mujer después que los hubo hecho. Y esto hizo porque entendió que esta es la primera naturaleza y la mayor que los hombres pueden haber con la tierra en que han de vivir. Y por ella el pueblo debe esforzarse mucho por tener todas estas naturalezas con la tierra en que les agrada vivir; y mayormente que el linaje que de ellos viniere, que nazca de ella, pues esto les hará que la amen, y que hayan sabor de tener en ella las otras dos naturalezas que antes dijimos. Y para hacer este linaje conviene que consideren muchas cosas porque crezca y aumente; y la primera es que se casen luego que sean de edad para ello, y de esto vienen muchos bienes, lo que uno que hacen mandamiento de Dios; otrosí que viven sin pecado, por lo que ganan su amor, pues les acrecienta su linaje; y además reciben en su vida placer y ayuda de los que de ellos descienden, de que les nace esfuerzo y poder; y lo que les es más, toman gran consuelo porque dejan otros en su lugar que son semejantes de sí, y que son como una cosa con ellos y en quien ha de quedar lo suyo, y cumplir después de su muerte lo que eran ellos tenido de hacer.

Ley 5

Obra y labor hechas por maestría tienen diferencias entre ellas, pues labor se dice de aquella cosa que los hombres hacen trabajando de dos maneras: la una, por razón de la hechura; la otra, por razón del tiempo; así como aquellos labran por par o por vino o guardan sus ganados, o que hacen otras cosas semejantes de estas en que reciben trabajo y andan fuera por los montes, o los campos donde han por fuerza de sufrir calor o frío, según el tiempo que hace. Y obras son aquellas que los hombres hacen estando en casas o lugares cubiertos, así como los que labran oro y plata, o hacen monedas o armas o armaduras, o los otros menesteres que son de muchas maneras que se obran, pues aunque ellos trabajan `por sus cuerpos, no se apodera el tiempo tanto de ellos para hacerles daño como a los otros que andan por de fuera por ello a estos llaman menestrales y a los otros, labradores.

Ley 6

Acrecentando y criando el pueblo su linaje y labrando la tierra y sirviéndose de ella son dos cosas por las que se aumenta la gente y se puebla la tierra según Dios mandó; mas aún hay otra cosa que deben hacer los hombres para ser el mandamiento cumplido; y esto es que se apoderen y sepan ser señores de ella. Y este apoderamiento viene de dos maneras; la una, es por arte, y la otra, por fuerza.. Y por eso deben los hombres conocer la tierra y enderezarla por maestría según eso, y no la deben despreciar diciendo que no es buena, y si no lo fuere para una cosa, lo será para la otra; eso mismo deben hacer con las bestias que en ella hay, pues por entendimiento deben conocer cuáles serán provechosas y que se podrán más pronto amansar con maestría y por arte para poderse ayudar y servir de ellas en las cosas que las hubiere menester; y otrosí de las que fueren bravas, habiendo sabiduría para prenderlas y saberlas meter en su provecho; y haciendo esto se apoderarán de la tierra y se servirán de las cosas que hay en ella, tanto de las bestias como de las aves y de los pescados, según mandamiento de Dios.

Ley 7

Apoderarse debe el pueblo por fuerza de la tierra cuando no lo pudiese hacer por maestría o por arte; y entonces se debe aventurar a vencer las cosas por esfuerzo y por fortaleza, así como quebrantando las grandes peñas y horadando los grandes montes, y allanando los lugares altos y alzando los bajos, y matando los animales bravos y fuertes, aventurándose con ellos para lograr su provecho; y porque todas estas cosas no se pueden hacer sin porfía, por ello tal contienda como esta es llamada guerra. Y así aquel pueblo es amador de su tierra, el que tiene en sí sabiduría y esfuerzo para apoderarse de ella haciendo estas cosas sobredichas.

Título 21. De los caballeros y de las cosas que les conviene hacer

Defensores son uno de los tres estados por los que Dios quiso que se mantuviese el mundo; pues bien así como los que ruegan a Dios por el pueblo son dichos oradores, y otrosí los que labran la tierra y hacen en ella aquellas cosas por las que los hombres han de vivir y de mantenerse se llaman labradores, y otrosí los que han de defender a todos son dichos defensores. Por ello los hombres que tal obra han de hacer tuvieron por bien los antiguos que fuesen muy escogidos; y esto fue porque en defender yacen tres cosas: esfuerzo, honra y poderío.

Ley 1

Caballería fue llamada antiguamente la compañía de los nobles hombres que fueron puestos para defender las tierras; y por eso le pusieron nombre en latín militia, que quiere tanto decir como compañías de hombres duros y fuertes y escogidos para sufrir males, trabajando y penando en pro de todos comunalmente. Y por ello hubo este nombre de cuento de mil, pues antiguamente de mil hombres escogían uno para hacerle caballero, mas en España llaman caballería no por razón que andan cabalgando en caballos, mas porque bien así como los que andan a caballo van más honradamente que en otra bestia, otrosí los que son escogidos para caballeros son más honrados que todos los otros defensores.

Ley 2

Mil es el más honrado cuento que puede ser, también así como diez es el más honrado cuento de los que comienzan en uno. Y por esta razón escogían antiguamente de mil hombres uno para hacerle caballero y escogiéndolos, miraban que fuesen hombres que tuviesen en sí tres cosas: la primera, que fuesen hechos a herir para que supiesen mejor y más pronto matar y vencer a sus enemigos, y no se cansasen ligeramente haciéndolo; la tercera, que fuesen crueles para no tener piedad de robar lo de los enemigos, ni de herir, ni de matar, ni otrosí que no se desmayasen pronto por golpe que ellos recibiesen, ni que diesen a otros. Y por estas razones antiguamente para hacer caballeros escogían de entre los venadores de monte, que son hombres que sufren gran fatiga, y carpinteros, herreros y pedreros, porque usan mucho herir y son fuertes de manos, y otrosí de los carniceros por razón que usan matar las cosas vivas y esparcir la sangre de ellas: y aun consideraban otra cosa escogiéndolos: que fuesen bien conformados de miembros para ser recios, fuertes y ligeros, más porque después vieron muchas veces que estos tales, no teniendo vergüenza, olvidaban todas estas cosas sobredichas, y en lugar de vencer a sus enemigos, vencíanse ellos, tuvieron por bien los sabedores de estas cosas que buscasen hombres para esto que hubiesen naturalmente en sí vergüenza. Y sobre esto dijo un sabio que tenía por nombre Vejecio, que habló de la orden de caballería, que la vergüenza veda al caballero que no huya de la batalla, y por esto ella le hace ser vencedor. Y mucho tuvieron que era mejor el hombre flaco y sufridor que el fuerte y ligero para huir. Y por esto sobre todas las otras cosas miraron que fuesen hombres de buen linaje, porque se guardesen de hacer cosa por la que pudiesen caer en vergüenza, y porque estos fueron escogidos de buenos lugares y algo por eso los llamaron hijosdalgo, que muestra tanto como hijos de bien. Y en algunos otros lugares los llamaron gentiles, y tomaron este nombre de gentileza, que muestra tanto como nobleza de bondad, porque los gentiles fueron hombres nobles y buenos, y vivieron más ordenadamente que otra gente. Y por eso los hijosdalgo deben ser escogidos, que vengan de derecho linaje de padre y de abuelo hasta en el cuarto grado, a los que llaman bisabuelos. Y esto tuvieron por bien los antiguos, porque de aquel tiempo en adelante no se pueden acordar los hombres, pero cuanto de allí en adelante más de lejos vienen de buen linaje, tanto más crecen en su honra y en su hidalguía.

Ley 3

Hidalguía, según dijimos en la ley antes de esta, es nobleza que viene a los hombres por linaje, y por ello deben mucho guardar los que tienen derecho en ella, que no la dañen ni la mengüen, y pues que el linaje hace que la tengan los hombres así como herencia, no debe querer el hidalgo que él haya de ser de tan mala ventura que lo que en los otros se comenzó y heredaron, mengüe o se acabe en él, y esto sería cuando él menguase en lo que los otros acrecentaron, casando con villana o el villano con hijodalgo. Pero la mayor parte de la hidalguía ganan los hombres por la honra de los padres, pues cuando la madre sea villana y el padre hijodalgo, hijodalgo es el hijo que de ellos naciere, y por hidalgo se puede contar, mas no por noble, mas si naciere de hijadalgo y de villano, no tuvieron por derecho que fuese contado por hijodalgo.

Ley 4

Bondades son llamadas las buenas costumbres que los hombres tienen naturalmente en sí, a las que llaman en latín virtudes; y entre todas son cuatro las mayores; así como cordura y fortaleza y mesura y justicia. Y comoquiera que todo hombre que tenga voluntad de ser bueno debe esforzarse por tenerlas, tanto los oradores que dijimos, como los otros que han de gobernar las tierras por sus labores y por sus trabajos, con todo esto no hay ninguno a quien convenga más que a los defensores, porque ellos han de defender la iglesia y los reyes y a todos los otros, y la cordura les hará que lo sepan hacer a su provecho y sin su daño; y la fortaleza, que estén firmes en lo que hicieren y que no sean cambiadizos, y la mesura, que obren en las cosas como deben y no pasen a más, y la justicia, que la hagan derechamente. Y comoquiera que estas sean en muchas maneras, sin embargo todas tornan en dos: las unas, para defender el cuerpo que son dichas armaduras; y las otras, armas, que son para herir. Tuvieron por bien los antiguos hacer una en que se mostrasen todas estas cosas por semejanza, y esta fue la espada, pues bien así como las armas que un hombre viste para defenderse muestran cordura, que es virtud que le guarda de todos los males que le podrían venir por su culpa, otrosí muestra eso mismo el mango de la espada que un hombre tiene encerrado en su puño, pues cuanto así la tuviere, en su poder es de alzarla o de bajarla, o de herir con ella o de dejarla. Y otrosí como en las armas que el defensor sitúa ante sí para defenderse muestran fortaleza, que es virtud que hace al hombre estar firme a los peligros que le vienen, así en la manzana es toda la fortaleza de la espada, pues en ella se sufre el mango, y el arriaz y el hierro, pues bien, así como las armaduras que viste y las armas con que hiere, y son así como la virtud de la mesura entre las cosas que se hacen de más o de menos de lo que deben, bien a esa semejanza es puesto el arriaz entre el mango y el hierro de ella; y bien otrosí como las armas que un hombre tiene en las manos enderezadas para herir con ellas allí donde conviene, muestran justicia que tiene en sí derecho e igualdad, otrosí lo muestra el hierro de la espada, que es derecho y agudo y taja igualmente de ambas partes.

Ley 7

Usando los hijosdalgo dos cosas contrarias, les hacen que lleguen por ellas a acabamiento de las buenas costumbres; y esto es que de una parte sean fuertes y bravos, y de otra parte mansos y humildes, pues así como les está bien usar palabras fuertes y bravas para espantar los enemigos y arredrarlos de sí cuando fueren entre ellos, bien de aquella manera las deben usar mansas y humildes para halagar y alegrar a aquellos que con ellos fueren y serles de buen agasajado en sus palabras y en sus hechos.

Ley 10

Caballos y armaduras y armas son cosas que conviene mucho a los caballeros tenerlas buenas, cada una según su naturaleza, y pues que con estas han de hacer los hechos de armas que es su menester, conviene que sean tales que con ellas se puedan bien ayudar. Y entre todas aquellas cosas de que ellos han de ser sabedores, esta es la más señalada: conocer el caballo, pues por ser el caballo grande y hermoso, si fuese de malas costumbres y no fuese sabedor el caballero para conocer esto, le vendrían por ello dos males: el uno, que perdería cuanto por él diese, y el otro, que podría por él caer en peligro de muerte o de ocasión, y esto mismo le ocurriría si no fuesen las armaduras buenas y bien hechas y con razón. Y por ello, según los antiguos mostraron, para ser los caballos buenos, deben tener en sí tres cosas; la primera, ser de hermoso color; la segunda, de buenos corazones; la tercera, tener miembros convenientes que respondan a estas dos; y aun sobre todo esto, quien bien los quisiere conocer ha de mirar que vengan de buen linaje, y este es el animal del mundo que más responde a su naturaleza.

Ley 13

Limpieza hace parecer bien las cosas a los que las ven, bien así como la apostura las hace estar apuestamente cada una por su razón. Y por eso tuvieron por bien los antiguos que los caballeros fuesen hechos limpiamente; pues bien así como la limpieza deben tener dentro de sí mismos en sus bondades y en sus costumbres en la manera que hemos dicho, otrosí la deben tener por fuera en sus vestiduras y en las armas que tuvieren, pues aunque su menester es fuerte y crudo Y por eso mandaron los antiguos que el escudero fuese de noble linaje, un día antes que reciba caballería, que deba tener vigilia; y ese día que la tuviere, desde el medio día en adelante, hanle los escuderos de bañar y de lavar la cabeza con sus manos, y echarle en el más apuesto lecho que pudieren haber, y allí lo han de vestir y calzar los caballeros de los mejores paños que tuvieren, y desde que esta limpieza le han hecho al cuerpo, hanle de hacer otra en cuanto al alma, llevándole a la iglesia, en que ha de conocer que ha de recibir trabajo velando y pidiendo merced a Dios que le perdone sus pecados, y que le guíe para que haga lo mejor en aquella orden que quiere recibir, en manera que pueda defender su ley y hacer las otras cosas según le conviene; que Él sea guarda y defensa a los peligros y a los estorbos y a lo que le sería contrario a esto, y debe pensar en que, comoquiera que Dios poderoso sobre todas las cosas y puede mostrar su poder en ellas cuándo y como quisiere, que señaladamente lo es en hecho de armas; y en su mano está la vida y la muerte para darla y quitarla y hacer que el flaco sea fuerte y el fuerte, flaco. Y en cuanto esta oración hiciere, ha de estar los hinojos hincados y todo lo otro en pie mientras sufrir lo pudiere, y la vigilia de los caballeros noveles no fue establecida para juegos ni para otras cosas, sino para rogar a Dios ellos y los otros que fueren, que los guíe y los dirija como a hombres que entran en carrera de muerte.

Ley 14

Espada es arma que muestra aquellas cuatro significaciones que ya hemos dicho; y porque el que ha de ser caballero debe tener en sí por derecho aquellas cuatro virtudes, establecieron los antiguos que recibiesen con ella orden de caballería, y no con otra arma, y esto ha de ser hecho en tal manera que, pasada la vigilia, luego que fuere de día, debe primeramente oír su misa y rogar a Dios que le guíe sus hechos para su servicio, y después ha de venir el que le ha de hacer caballero, y preguntarle si quiere recibir orden de caballería, y si dijere que sí, hale de preguntar si la mantendría así como se debe mantener, y después que se lo otorgare, débele calzar las espuelas, o mandar a algún caballero que se las calce; y eso ha de ser según cuál hombre fuere o el lugar que tuviere. Y hácenlo de esta manera por mostrar que así como al caballo ponen las espuelas de diestro y de siniestro, para hacerle correr derecho, que así debe él hacer sus hechos enderezadamente, de manera que no tuerza a ninguna parte. Y también hale de ceñir la espada sobre el brial que vistiere, así que la cinta no sea muy floja, mas que se llegue al cuerpo; y esto es por significación de que las cuatro virtudes que dijimos, debe siempre haberlas caronadas así. Por esto, antiguamente establecieron que a los nobles hombres hiciesen caballeros, siendo armados de todas sus armaduras, bien así como cuando tuviesen que lidiar, mas las cabezas no tuvieron por bien que las tuviesen cubiertas. Y desde que la espada le hubiere ceñido, débela sacar de la vaina y ponérsela en la mano diestra, y hacerle jurar estas tres cosas: la primera, que no recele morir por su ley si menester fuere, la segunda, por su señor natural; la tercera, por su tierra: y cuando esto hubiere jurado, débele dar un pescozada porque estas cosas sobredichas las recuerde, diciéndole que Dios le guíe a su servicio y le deje cumplir lo que allí prometió, y después de esto, hale de besar en señal de fe y de paz y de hermandad, que debe ser guardada entre los caballeros. Eso mismo han de hacer todos los otros caballeros que estuviesen en aquel lugar.

Ley 18

Paños de colores señalados establecieron los antiguos que trajesen vestidos los caballeros noveles mientras que fuesen mancebos; así como bermejos o jaldes o verdes o cárdenos, porque los diesen alegría; mas prietos o pardos o de otra color feo que les hiciese entristecer no tuvieron por bien que los vistiesen. Y esto hicieron porque las vestiduras fuesen más apuestas, y ellos anduvieren alegres, y les creciesen los corazones para ser más esforzados. Y comoquiera que las vestiduras fuesen de tajos de muchas maneras, el manto acostumbraban a traer todos de esta manera, que lo hacían grande y largo que les cubría hasta los pies, y sobraba tanto paño de la una parte y de la otra, y sobre el hombre diestro porque podrían allí hacer un nudo y el manto fue hecho de esta manera por mostrar que los caballeros deben estar cubiertos de humildad para obedecer a sus mayores; y el nudo le hicieron porque es como manera de atamiento de religión que les muestra que sean obedientes no tan solamente a sus señores, más aun a sus caudillos, y que por esta razón sobredicha tenían el manto tanto cuando comían o bebían, como cuando estaban sentados o andaban o cabalgaban. Y todas las otras vestiduras traían limpias y muy apuestas, cada uno según el uso de sus lugares. Eso mismo establecieron tanto de las armaduras como de las armas que trajesen, que fuesen hermosas y muy apuestas.

Ley 19

Comer y beber y dormir son cosas naturales sin las cuales los hombres no pueden vivir, por ello, de estas deben usar en tres maneras: la una, con tiempo; la otra, con mesura; la otra; apuestamente. Y por ello los caballeros estaban muy acostumbrados antiguamente a hacer esto, pues bien así como en tiempo de paz comían a sazón señalada, de manera que pudiesen comer dos veces al día, y de manjares buenos y bien adobados, y con cosas que les supiesen bien, otrosí cuando habiendo de guerrear comían una vez a la mañana y poco, y el mayor comer haciendo en la tarde, y esto era porque no tuviesen hambre ni gran sed, y porque, si fuesen heridos, curarían más pronto; en aquella sazón dábanles de comer viandas gruesas porque comiesen de ellas poco y les abundase mucho, y les hiciese las carnes recias y duras. Otrosí les daban de beber vino flaco y muy aguado, de manera que no les estorbase el entendimiento ni el seso, y cuando hacía las grandes calenturas, dábanles un poco de vinagre con mucha agua porque les quitase la sed y no dejase ascender la calentura en ellos por la que hubiesen de enfermar, y bebíanlo otrosí entre día cuando tenían grandes ganas de beber porque les acrecentase la vida y la salud y no se la quitase comiendo o bebiendo de más. Y aun sin todo esto hallaban allí otro gran provecho, que menguaban en la costa cotidiana porque pudiesen mejor cumplir en los hechos grandes, que es cosa que conviene mucho a los que han de guerrear. Otrosí los acostumbraban que no fuesen dormidores porque perjudica mucho a los que los grandes hechos han de hacer y señaladamente a los caballeros cuando estarían en guerra, y por eso así como les consentían en tiempo de paz que trajesen ropas muelles y blandas para su yacer, así no querían que en la guerra yaciesen sino con poca ropa y dura, y en sus pespuntes y hacíanlo porque durmiesen menos y se acostumbrasen a sufrir lacería, y tenían que ningún vicio que tener pudiesen no era tan bueno como ser vencedores.

Ley 20

Apuestamente tuvieron por bien los antiguos que hiciesen los caballeros estas cosas que hemos dicho en la ley antes de esta; y por ello ordenaron que así como en tiempo de guerra aprendían hecho de armas por vista y por prueba, que otrosí en tiempo de paz lo aprendiesen de oídas y por entendimiento, y por eso acostumbraban los caballeros, cuando comían, que les leyesen las historias de los grandes hechos de armas que los otros hicieran, y los sesos y los esfuerzos que tuvieron para saber vencer y acabar lo que querían. Y allí donde no había tales escrituras, hacíanselo retraer a los caballeros buenos y ancianos que se acertaron en ello, y sin todo esto aún hacían más, que los juglares no dijesen ante ellos otros cantares sino de gesta, o que hablasen de hecho de armas. Y eso mismo hacían que cuando no pudiesen dormir, cada uno en su posada, se hacía leer y retraer estas cosas sobredichas y esto era por oyéndolas les crecían los corazones y esforzábanse haciendo bien, queriendo llegar a los que otros hicieran o pasaran por ellos.

Título 22. De los adalides y de los almocadenes y de los peones

Ley 1

Cuatro cosas dijeron los antiguos que deben tener en sí los adalides; la primera, sabiduría; la segunda, esfuerzo; la tercer, buen seno natural; la cuarta, lealtad. Y sabios deben ser para guiar las huestes y saberlas guardar de los malos pasos y peligros; y otrosí deben saber por dónde han de pasar las huestes y las cabalgadas, tanto las paladinas como las que hacen escondidamente, guiándolas a tales lugares donde hallen agua y leña y hierba, y donde puedan todos posar juntos. Otrosí deben saber los lugares que son buenos para echar celadas tanto de peones como de caballeros y como deben estar callando en ellas, o salir de allí cuando lo hubiesen menester, y otrosí les conviene que sepan muy bien la tierra que han de correr, y dónde han de enviar las algaras.

Ley 5

Almocadenes llaman ahora a los que antiguamente solían llamar caudillos de las peonadas y estos son muy provechosos en las guerras; y en lugar pueden entrar los peones y cosas acometer, que no lo podrían hacer los de a caballo. Y por ello cuando hubiere allí algún peón que quiera ser almocadén, ha de hacer de esta manera: venir primeramente a los adalides y mostrarles por cuáles razones tiene que merecerse de serlo; entonces ellos deben llamar doce almocadenes y hacerles jurar que digan la verdad si aquel que quiere ser almocadén es hombre que tiene en sí estas cuatro cosas: la primera que sea sabedor de guerra y de guiar los que con él fueren; la segunda, que sea esforzado para acometer los hechos y esforzar a los suyos; la tercera que sea ligero, pues esta es cosa que conviene mucho al peón para poder pronto alcanzar lo que hubiese de tomar, y otrosí para saberse guarecer cuando le fuese gran menester; la cuarta es que debe ser leal para ser amigo de su señor y de las compañías que acaudillarse. Y esto conviene que tenga en todas maneras el que fuere caudillo de peones.

Ley 7

La frontera de España es de naturaleza caliente, y las cosas que nacen en ella son más gruesas y de más fuerte complexión que las de la tierra vieja, y por ella los peones que andan con los adalides y con los almocadenes en hecho de guerra, es menester que sean dispuestos y acostumbrados y criados al aire y a los trabajos de la tierra; y si tales no fuesen no podrían allí mucho tiempo vivir sanos, aunque fuesen ardides y valientes; y por eso los adalides y los amocadenes deben mucho mirar que lleven consigo peones en las cabalgadas y en los otros hechos de guerra, es menester que sean dispuestos y acostumbrados y criados al aire y a los trabajos de la tierra; y si tales no fueran no podrían allí mucho tiempo vivir sanos, aunque fuesen ardides y valientes; y por eso los adalides y los almocadenes deben mucho mirar que lleven consigo peones en las cabalgaduras y en los otros hechos de guerra que estén acostumbrados a hacer estas cosas que antes dijimos, y además que sean ligeros y ardides y bien conformados en sus miembros para poder sufrir el afán de la guerra, y que anden siempre provistos de buenas lanzas y dardos, cuchillos y puñales; y otrosí deben traer consigo peones que sepan tirar bien de ballesta, y que traigan los equipos que pertenecen a hecho de ballestería, y estos hombres cumplen mucho a hecho de guerra. Y cuando tales fueren, deben los adalides y los almocadenes amarlos mucho y honrarlos de dicho y de hecho, partiendo bien con ellos las ganancias que hicieren, de común acuerdo.

Título 23. De la guerra y de las cosas necesarias que pertenecen a ella

Guerra es cosa que tiene en sí dos naturalezas: la una, de mal; la otra de bien; y aunque cada una de estas sean repartidas en sí según sus hechos, sin embargo en cuanto al nombre y a la manera como se hacen, todo es como una cosa, pues el guerrear aunque tiene en sí manera de destruir y meter separación y enemistad entre los hombres, con todo eso, cuando es hecho como debe, trae después paz, de la que viene sosiego y holgura y amistad.

Ley 1

Los sabios antiguos que hablaron de hecho de guerra dijeron que guerra es extrañamiento de paz, y movimiento de las cosas quietas y destrucción de las compuestas; y aun dijeron que guerra es cosa de la que se levanta muerte y cautiverio a los hombres y daño y pérdida, y destrucción de las cosas. Y hay cuatro maneras de guerra: la primera llaman en latín iusta, que quiere tanto decir en romance como derechurera; y esta es cuando un hombre la hace por cobrar cosas de ellos, la segunda manera llaman iniusta; que quiere tanto decir como guerra que se mueve con soberbia y sin derecho; la tercera la llaman civilis, que quiere tanto decir como guerra en que combaten no tan solamente los ciudadanos de algún lugar, mas aun los parientes unos con otros, por razón de bando, así como fue entre César y Pompeyo, que eran suegro y yerno, en la cual guerra los romanos guerreaban los padres contra los hijos, y los hermanos contra los hermanos, teniéndose los unos con César y los otros con Pompeyo.

Ley 2

Mover guerra es cosa en que deben mucho considerar los que la quieren hacer antes que la comiencen porque la hagan con razón y con derecho. Y esta guerra se debe hacer de dos maneras: la una, de los enemigos que están dentro del reino, que hacen mal en la tierra robando y forzando a los hombres lo suyo sin derecho, pues contra estos deben ser los reyes y aquellos que han de juzgar y cumplir la justicia por ellos comunalmente todo el pueblo, para desarraigarlos y alejarlos de sí, porque, según dijeron los sabios, tales como los malhechores en el reino, como la ponzoña en el cuerpo del hombre, que mientras allí está, no puede ser sano; y por ello conviene que guerreen como tales hombres estos, corriéndolos y haciéndoles cuanto mal pudieren, hasta que los echen del reino o los maten, y así los hombres que morasen en la tierra puedan vivir en paz. Mas la segunda manera de guerra de la que ahora queremos hablar, es de aquella que deben hacer contra los enemigos que están fuera del reino, que les quieren tomar por fuerza su tierra o apoderarse de la que con derecho debe tener.

Ley 11

Acaudillamiento según dijeron los antiguos es la primera cosa que los hombres deben hacer en tiempo de guerra, pues si este es hecho como debe, nacen de ello tres bienes: el primero, que los hace ser unos; y segundo, que los hace ser vencedores y llegar a lo que quieren; el tercero, que los hace tener por bienandantes y por de buen seso y además, por el buen acaudillamiento vencen muchas veces los pocos a los muchos y hace cobrar otrosí a vencer a los que son vencidos.

Título 27. De los galardones

Ley 1

Galardón es beneficio que debe ser dado francamente a los que fueren buenos en la guerra por razón de algún gran hecho señalado que hiciesen en ella. Y débelo dar el rey o señor o el caudillo de la hueste a los que lo merecen o a sus hijos, si los padres no fueren vivos; y debe ser tal el galardón y dado en tal tiempo, que se puede aprovechar de él aquel a quien lo dieren.

Título 28. Como han de ser castigados y escarmentados los hombres que andan en las guerras por los yerros que hicieren

Yerran los hombres en muchas maneras cuando andan en guerra; y porque los yerros que allí hacen son más peligrosos que los que son hechos en otros lugares, porque no se pueden bien enmendar, por ellos pusieron los antiguos que hubiesen mayor escarmiento, pues de otra manera no sería la justicia derecha sí los malos no hubiesen escarmiento del mal que hiciesen, así como los bueno, galardones por el bien.

Ley 1

Castigo es ligero amonestamiento de palabras o de herida de palo que hace el caudillo contra algunos cuando le fuesen desmandados o no fuesen sabedores de las cosas que se han de guardar en la guerra, y escarmiento es pena que manda dar el caudillo contra los que errasen como en materia de juicio. Y las razones por las que esto se debe hacer son doce: la primera, si diesen sabiduría a los enemigos de los suyos; la segunda, si se fuesen para ellos; la tercera, si viniesen con ellos a hacer mal a los suyos; la cuarta, si no se quisiesen acaudillar; la quinta, si metiesen desacuerdo entre la gente; la sexta, si volviesen pelea; la setena, si se hiriesen o se matasen o se deshonrasen unos a otros por palabra o hecho; la octava, si se hurtasen o se tomasen por fuerza o por engaño lo que tuviesen unos a otros; la novena, si no guardasen la vianda o la gastasen antes de tiempo; la decena, si no ayudasen a hacer justicia; la oncena; si la estorbasen al que la hubiese de hacer; la docena, si quebrantasen las posturas que hubiese puestas entre sí o con otros.

Título 29. De los cautivos y de sus cosas

Ley 1

Cautivos y presos, comoquiera que una cosa sean cuanto en manera de prendimiento, con todo eso gran diferencia hay entre ellos según las cosas que después les acaecen; y presos son llamados aquellos que no reciben otro mal en sus cuerpos, sino en cuanto en manera de aquella prisión en que los tienen, o si llevan alguna cosa de ellos por razón de costa que hayan hecho teniéndolos presos, o por daños de que ellos hayan recibido queriendo allí haber enmienda. Pero con todo esto no los deben luego matar después que los tuvieren en prisión, ni darles pena ni hacer otra cosa porque mueran, fuera de si fuesen presos por razón de justicia. Mas cautivos son llamados por derecho aquellos que caen en prisión de hombres de otra creencia; y estos lo matan después que los tienen presos por desprecio que tienen a su ley, o los atormentan con muy crudas penas, o se sirven de ellos como siervos metiéndolos a tales servicios que querrían antes la muerte que la vida; y sin todo esto no son señores de lo que tienen pagándolo a aquellos que les hacen todos estos males, o los venden cuando quieren. Por lo que por todas estas cuitas y por otras muchas que sufren, son llamados con derecho cautivos, porque esta es la mayor pena que los hombres pueden tener en este mundo.

Ley 3

Sacar los hombres de cautiverio es cosa que place mucho a Dios porque es obra de piedad y de merced, y está bien en este mundo a los que lo hacen. Y los deudos que hallaron los antiguos por los que los hombres quedan obligados a hacer esto son de cinco maneras: la primera, por ayuntamiento de fe; la segunda, por ayuntamiento de linaje; la tercera, por postura; la cuarta, por señorío o por vasallaje; la quinta, por amor de voluntad; y en estas cinco cosas se encierran todos los deudos que tienen los hombres unos con otros para socorrerse cuando fueren cuitados. Pero si cualquiera de la manera de los cautivos que dijimos, por mengua de no haber quien los sacase, muriese en la prisión, debe entonces el rey o el que estuviese en su lugar tomar cuanto tuviere y mandarlo meter en carta a escribano público, y venderlo en almoneda con consejo del obispo o del que tuviese sus veces; y el precio que de ello hubieren, darlo para sacar otros cautivos, porque sus bienes no sean heredados de aquellos que los dejaron morir en cautiverio y pudiéndolos sacar, no quisieron.

Título 30. Los alfaqueques

Ley 1

Alfaqueques tanto quiere decir en lengua arábiga como hombres de buena verdad que son puestos para sacar los cautivos y estos, según los antiguos mostraron, deben tener en sí seis cosas: la primera, que sean verdaderos de donde llevan el nombre; la segunda, sin codicia; la tercera, que sean sabedores tanto del lenguaje de aquella tierra a la que van, como del de la suya; la cuarta, que no sean malqueridos; la quinta, que sean esforzados; la sexta que tengan algo suyo. Y sobre todas estas cosas conviene que sean capaces de conservar el secreto, pues si tales no fuesen, no podrían guardar su verdad.

Ley 2

Escogidos muy ahincadamente deben ser los alfaqueques; pues que tan piadosa obra han de hacer como sacar los cautivos, y no tan solamente los deben escoger que tengan en sí aquellas cosas que dijimos en esta ley, mas aun que vengan de linaje bien afamado. Y esta elección ha de ser por doce hombres buenos que tome el rey, o el que estuviere en su lugar, o los principales de aquel concejo donde moraren aquellos que hubieren a ser alfaqueques, y estos han de ser sabedores del hecho de los otros, porque puedan jurar sobre los santos Evangelios en mano del rey o del que fuere puesto en su lugar; que aquellos que escogen para esto tienen en sí todas las cosas que dijimos Y después que de esta manera fuesen escogidos, deben ellos otrosí jurar que sean leales en hecho de los cautivos, acercando su provecho y alejando su daño cuanto ellos pudieren, y que ni por amor ni malquerencia que hubiesen a alguno no dejasen de hacer esto, ni por don que les diesen ni les prometiesen dar.

Título 31. De los estudios en que se aprenden los saberes y de los maestros y de los escolares

Estudio es ayuntamiento de maestros y escolares, que es hecho en algún lugar con voluntad y con entendimiento de aprender los saberes, y hay dos maneras de él: la una es la que dicen estudio general, en que hay maestros de las artes, así como de gramática y de lógica y de retórica y de aritmética y de geometría y de música y de astronomía, y otrosí en que hay maestros de decretos y señores de leyes; y este estudio debe ser establecido por mandato del papa o del emperador o del rey. La segunda manera es la que dicen estudio particular, que quiere tanto decir como cuando algún maestro amuestra en alguna villa apartadamente a pocos escolares; y tal como este puede mandar hacer prelado o concejo de algún lugar.

Ley 2

De buen aire y de salidas debe ser la villa donde quieran establecer el estudio, porque los maestros que muestran los saberes y los escolares que los aprenden vivan sanos, y en él puedan holgar y recibir placer a la tarde cuando se levantaren cansados del estudio; y otrosí debe ser abundada de pan y de vino, y de buenas posadas en que puedan morar y pasar su tiempo sin gran costa. Y otrosí decimos que los ciudadanos de aquel lugar donde fuere hecho el estudio deben mucho honrar y guardar a los maestros y a los escolares, y todas sus cosas; y los mensajeros que vinieren a ellos de sus lugares no les debe ninguno peindrar ni embargar por deudas que sus padres debiesen ni los otros de las tierras de donde fuere hecho el estudio deben mucho honrar y guardar a los maestros y a los escolares, y todas sus cosas, y los mensajeros que vinieren a ellos de sus lugares no les debe ninguno peindrar ni embargar por deudas que sus padres debiesen ni los otros de las tierras de donde ellos fuesen naturales, y aun si decimos que por enemistad ni por malquerencia que algún hombre tuviese contra los escolares o a sus padres, no les deben hacer deshonra, ni tuerto, ni fuerza. Y por eso mandamos que los maestros y escolares y sus mensajeros y todas sus cosas sean seguros y atreguados, viniendo a los estudios o estando en ellos o yéndose para sus tierras; y esta seguridad les otorgamos por todos los lugares de nuestro señorío; y cualquiera que contra esto hiciese, tomándoles por fuerza o robándoles lo suyo, débeselo pechar cuatro doblado, y si lo hiriere, o lo deshonrase o lo matare, debe ser escarmentado crudamente como hombre que quebranta nuestra tregua y nuestra seguridad. Y si por ventura los jueces ante quienes fuese hecha esta querella fuesen negligentes en hacerles derecho así como sobredicho es, débenlo pechar de lo suyo y ser echados de los oficios por infamados; y si maliciosamente se movieren contra los escolares, no queriendo hacer justicia de los que los deshonrasen o hiriesen o matasen, entonces los oficiales que esto hiciesen deben ser escarmentados por albedrío del rey.

Ley 3

Para ser el estudio general cumplido, cuantas son las ciencias, tantos deben ser los maestros que las muestren, así que cada una de ellas tenga allí un maestro, a lo menos; pero si de todas las ciencias no pudiesen tener maestros, abunda que los haya de gramática y de lógica y de retórica y de leyes y de decretos. Y los salarios de los maestros deben ser establecidos por el rey, señalando ciertamente a cada uno cuánto haya según la ciencia que mostrare y según que fuere sabedor de ella; y aquel salario que hubiere de haber cada uno de ellos, débenselo pagar en tres veces: la primera parte le deben dar luego que comenzare el estudio; y la segunda, por la Pascua de Resurrección; y la tercera, por la fiesta de san Juan Bautista.

Ley 4

Bien y lealmente deben los maestros mostrar sus saberes a los escolares leyéndoles los libros y haciéndoselos entender lo mejor que ellos pudieren; y desde que comenzaren a leer, deben continuar el estudio siempre hasta que hayan acabado los libros que comenzaron; y en cuanto fueren sanos, no deben mandar a otros que lean en su lugar de ellos, fuera de si alguno de ellos mandare a otro leer alguna vez por hacerle honra y no por razón de excusarse él del trabajo de leer. Y si por ventura alguno de los maestros enfermase después que hubiese comenzado el estudio, de manera que la enfermedad fuese tan grande o tan larga que no pudiese leer en ninguna manera, mandamos que le den el salario también como si leyese todo el año; y si acaeciese que muriese de la enfermedad, sus herederos deben percibir el salario tanto como sí hubiese leído todo el año.

Ley 6

Ayuntamientos y cofradías de muchos hombres defendieron los antiguos que no se hiciesen las villas ni en los reinos, porque de ellas se levanta siempre más mal que bien, pero tenemos por derecho que los maestros y los escolares puedan hacer esto en el estudio general, porque ellos se ayuntan con intención de hacer bien, y son extraños y de lugares repartidos, por lo que conviene que se ayuden todos en derecho cuando les fuere menester en las cosas que fueren en provecho de sus estudios o amparo de sí mismos y de lo suyo. Otrosí pueden establecer por sí mismos un principal sobre todos, al que llaman en latín rector, que quiere tanto decir como regidor del estudio, al que obedezcan en las cosas que fueren convenibles y adecuadas y a derechas. Y el rector debe aconsejar y apremiar a los escolares que no levanten bandos ni peleas con los hombres de los lugares donde hicieren los estudios, ni entre sí mismos. Y que se guarden en todas maneras que no hagan deshonra ni tuerto a ninguno y prohibirles que anden de noche, mas que queden sosegados en sus posadas y se esfuercen en estudiar y en aprender y en hacer vida honesta y buena, pues los estudios para eso fueron establecidos, y no para andar de noche ni de día armados, esforzándose en pelear o en hacer otras locuras o maldades en daño de sí y en estorbo de los lugares donde viven; y sin contra esto viniesen, entonces nuestro juez los debe castigar y enderezar de manera que se aparten del mal y hagan bien.

Ley 8

La ciencia de las leyes es como fuente de justicia, y aprovéchase de ella el mundo más que las otras ciencias; y por ello los emperadores que hicieron las leyes otorgaron privilegio a los maestros de ellos de cuatro maneras: la primera es que luego que son maestros tienen honra de maestros y de caballeros, y llámanlos señores de leyes, la segunda es que cada vez que el maestro de derecho venga ante algún juez que esté juzgando, débese levantar a él, y saludarle y recibirle que se siente con él, y si el juez contra esto hiciese, pónele la ley por pena que le peche tres libras de oro; la tercera es que los potreros de los emperadores y de los reyes y de los príncipes no les deben tener puerta cerrada ni impedirles que entren ante ellos cuando menester les fuere, fuera de las sazones que estuviesen en grandes secretos, y aun entonces débenselo decir como están tales maestros a la puerta, y preguntarles si los manda acoger o no; la cuarta es que los que son sutiles y entendidos, y que saben bien mostrar este saber, y son bien razonados y de buenas maneras, y que han estado veinte años en escuelas de las leyes, deben recibir honra de condes. Y pues que las leyes y los emperadores los quisieron tanto honrar, conveniente es que los reyes los deban mantener en aquella misma honra; y por ello tenemos por bien que los maestros sobredichos tengan en todo nuestro señorío las honras que antes dijimos, así como la ley antigua lo mandó. Otrosí decimos que los maestros sobredichos y los otros que muestran sus saberes en los estudios o en la tierra donde moran de nuestro señorío, que deben ser exentos de tributo, y no son obligados a ir en hueste ni en cabalgada, ni a tomar otro oficio sin su placer.

Ley 9

Discípulo debe antes ser el escolar que quisiere tener honra de maestro; y cuando hubiere bien aprendido el saber, debe venir ante los principales de los estudios que tienen poder de otorgarle licencia para esto; y deben considerar en secreto antes que se la otorguen si aquel que se la demanda es hombre de buena fama y de buenas maneras. Otrosí le deben dar algunas lecciones de los libros de aquella ciencia, y buena manera y tiene suelta la lengua para mostrarla, y responde bien a las cuestiones y a las preguntas que le hicieren, débenle después otorgar públicamente honra para ser maestro, tomando la jura de él que muestre bien y lealmente su ciencia, y que no dio ni prometió dar ninguna cosa a aquellos que le otorgan la licencia, ni a otros por ellos para que le otorgasen poder ser maestros.

Ley 10

La universidad de los escolares debe tener un mensajero que llaman en latín bidellus, y su oficio de este tal es andar por las escuelas pregonando las fiestas por mandato del principal del estudio; y si acaeciese que algunos quisieren vender libros o comprarlos, débenselo decir, y entonces debe él andar pregonando y diciendo que quién quiere tales libros, que vaya a tal estación en que son puestos; y después que supiere cuáles quieren vender y cuáles comprar, debe traer la trujamanía entre ellos bien y lealmente. Otrosí pregone este bedel como los escolares se junten en un lugar para ver y ordenar algunas cosas de su provecho comunalmente, o para hacer examinar a los escolares que quieren ser maestros.

Ley 11

Estacionarios es menester que haya en cada estudio general para ser cumplido, y que tenga en sus estaciones libros buenos y legibles y verdaderos, de texto y de glosa, que los alquilen los escolares para ejemplarios, para hacer por ellos libros de nuevo o para enmendar los que tuvieren escritos; y tal tienda o estación como esta no la debe ninguno tener sin otorgamiento del rector del estudio; y el rector, antes que le dé licencia para esto, debe hacer examinar primeramente los libros de aquel que quiere tener la estación para saber si son buenos y legibles y verdaderos; y al que hallase que no tenía tales libros, no le debe consentir que sea estacionario, ni los alquile a los escolares, a menos de no ser bien enmendados primeramente. Otrosí debe apreciar el rector, con consejo de los del estudio, cuánto debe recibir el estacionario por cada cuaderno que prestare a los escolares para escribir o para enmendar sus libros; y debe otrosí recibir buenos fiadores de él, que guardará bien y lealmente todos los libros que a él fueren dados para vender, y que no hará engaño.

Partida tercera

Título 1. De la justicia

Justicia es una de las cosas por las que mejor y más enderezadamente se mantiene el mundo; y es así como fuente de donde manan todos los derechos; y no tan solamente se encuentra la justicia en los pleitos que hay entre los demandadores y los demandados en juicio, mas aun entre todas las otras cosas que ocurren entre los hombres, bien que se hagan por obra o se digan por palabra.

Ley 1

Arraigada virtud es la justicia según dijeron los sabios, que dura siempre en las voluntades de los hombres justos, y da y comparte a cada uno igualmente su derecho. Y comoquiera que los hombres mueren, sin embargo ella, cuanto en sí, nunca desfallece, antes queda siempre en los corazones de los vivos inclinados al derecho y buenos; y aunque diga la Escritura que el hombre justo cae en yerro siete veces en día, porque él no puede obrar siempre lo que debía por la flaqueza de la naturaleza que hay en él, con todo eso su voluntad debe estar aparejada siempre para hacer el bien y cumplir los mandamientos de la justicia. Y porque ella es tan buena en sí que comprende todas las otras virtudes principales, así como dijeron los sabios, por ello la semejaron a la fuente perennnal que tiene en sí tres cosas, la primera que así como el agua que de ella sale, nace hacia oriente, así la justicia mira siempre hacia donde nace el Sol verdadero, que es Dios y por eso llamaron los santos en las escrituras a nuestro señor Jesucristo Sol de Justicia; la segunda, que así como el agua de tal fuente corre siempre, y tienen los hombres mayor sabor de beber de ella porque sabe mejor y es más sana que otra, otrosí la justicia siempre es en sí que nunca se recorta ni mengua, y reciben en ella mayor sabor los que la demandan y la han de menester más que en otra cosa; la tercer, que así como el agua de esta fuente es caliente en invierno y fría en verano, y la bondad de ella es contraria a la maldad de los tiempo, así el derecho que sale de la justicia quita y contrasta todas las cosas malas y desaguisadas que los hombres hacen.

Ley 2

Provecho muy grande es el que nace de la justicia, pues aquel que la tiene en sí hácele vivir cuerdamente y sin malestar y sin yerro y con mesura, y aun hace provecho a los otros; y si son buenos; por ella se hacen mejores, recibiendo galardones por los bienes que hicieron; y otrosí los malos por ella han de ser buenos, recelándose de la pena que les manda dar por sus maldades; y ella es virtud por la que se mantiene el mundo haciendo a cada uno vivir en paz según su estado a sabor de sí y teniéndose por cierto de lo que tiene.

Ley 3

Según departieron los sabios antiguos, justicia tanto quiere como cosa en que se encierran todos los derechos de cualquier naturaleza que sean. Y los mandamientos de la justicia y del derecho son tres: el primero es que el hombre viva honestamente en cuanto en sí, el segundo, que no haga mal ni daño a otro; el tercero, que dé su derecho a cada uno. Y aquel que cumple estos tres mandamientos hace lo que debe a Dios y a sí mismo y a los hombres con quienes vive, y cumple y mantiene la justicia.

Título 2. Del demandador y de las cosas que ha de considerar

Ley 1

Demandador, según derecho, es aquel que hace demanda en juicio para alcanzar derecho, bien sea por razón de deuda, o de daño que ha recibido en el tiempo pasado del que no tuvo justicia, o de lo que le hacen en aquel que está, tomándole o embargándole aquello de lo que es tenedor o en lo que tiene algún derecho. Eso mismo decimos de lo que él entiende que debe tener en el tiempo que es por venir, del que se le semeja que le hacen cosa por la que adelante le puede ser embargado o perderlo todo.

Ley 34

Pascua de Navidad y de Resurrección y de Ciencuesma son tres fiestas muy grandes que todos los cristianos han de guardar mucho para no hacer sus demandas en ellas en juicio; y los santos padres que establecieron el ordenamiento de la santa Iglesia tuvieron por bien que no guardasen tan solamente estos días, mas aun siete días después de Navidad, y siete días antes de la pascua de Resurrección y siete días después y tres días después de la Cincuesma. Y otrosí mandaron guardar el día de la fiesta de Aparitio Domini y de la Ascensión, y todas las fiestas de santa María y de los após- toles y estos días deben ser guardados por honra de Dios y de los santos, de manera que no debe ningún hombre en ellos hacer demanda a otro para llevarle a juicio; y si en tales días como estos alguno fuese demandado o librado, no sería valedero lo que hiciesen, aunque fuese hecho con placer de ambas partes.

Título 3. De los demandados y de las cosas que deben considerar

Ley 1

Quién es aquel que le hace la demanda es cosa que debe tener en cuenta el demandado antes que responda a ella en juicio; y por ello debe prime- ramente preguntar al demandado si le quiere demandar por sí mismo o en nombre de otro; y si dijere que lo quiere hacer por otro, no tiene que res- ponderle, a menos de mostrarle carta de personería que sea valedera o de darle seguridad de que lo habrá por firme aquel en cuyo nombre demanda. Otrosí debe mirar si aquel que comienza la demanda, si la hace en nombre de huérfanos, pues no le debe responder a menos que le muestre recaudo de como aquellos huérfanos por quien la hace le fueron dados en guarda; y aquel recaudo que mostrase débelo hacer poner en escrito de manera que no pueda ser negada la personería; y de esta manera lo que fuere hecho en el pleito será valedero para siempre. Y si por ventura el que hace la demanda dice que la hace por sí y no por otro, debe mirar el demandado si el demandador es tal hombre que pueda estar con él en juicio; y si tal no fuese, no tenía que responderle a su demanda; y esto sería como si el demandador fuese menor de veinticinco años, y él hiciese la demanda sin su guardador, o si fuese siervo u otra persona de aquellas que dijimos.

Título 4. De los jueces y de las cosas que deben hacer y guardar

Ley 1

Los juzgadores que hacen sus oficios como deben tienen nombre con derecho jueces, que quiere tanto decir como hombres buenos que son puestos para mandar y hacer derecho. Y de estos hay de muchas maneras; y los primeros de ellos y los más honrados son los que juzgan en la corte del rey, que es cabeza de toda la tierra y vienen a ellos todos los pleitos de los que los hombres se agravian; otros hay aun sin estos que son puestos señaladamente para oír las alzadas de los jueces sobredichos, y a tales como estos llamaron los antiguos sobrejueces por el poder que tienen sobre los otros, así como sobredicho es, otros hay que son puestos sobre reinos o sobre otras tierras señaladas, y llámanlos adelantados por razón que el rey los adelanta para juzgar sobre los jueces de aquellos lugares; otros jueces hay que son puestos en lugares señalados, así como en las ciudades o en las villas, o allí donde conviene que se juzguen los pleitos; y aún otros hay que son puestos todos los menestrales de cada lugar o por la mayor partida de ellos, y estos tienen poder para juzgar los pleitos que acaecen entre sí por razón de sus menesteres. Y todos estos jueces que hemos dicho llámanlos en latín ordinarios, que muestra tanto como hombres que son puestos ordenadamente para hacer su oficio sobre aquellos que han de juzgar cada unos en los lugares que tienen. Otra manera hay aún de jueces a los que se llaman delegados, que quiere tanto decir como hombres que tienen poder de juzgar algunos pleitos señalados, según les mandan los reyes o los adelantados o los otros jueces ordinarios; y sin todos estos, hay aún otros que son llamados en latín árbitros, que muestran tanto como juzgadores de albedrío, que son escogidos para librar algún pleito señalado con otorgamiento de ambas partes.

Título 5. De los personeros

Ley 1

Personero es aquel que recauda o hacer algunos pleitos o cosas ajenas por mandado del dueño de ellas, y tiene nombre personero porque aparece, o está en juicio o fuera de él, en lugar de la persona de otro.

Ley 2

Todo hombre que fuere mayor de veinticinco años y que no estuviere en poder de otro, así como de su padre o de su guardador, y fuere libre y en su memoria, puede hacer de personero sobre pleito que le pertenezca. Pero cosas señaladas hay en que podría poner personero: el que estuviese en poder de su padre, así como si hubiese de tener pleito sobre cosa que perteneciese al hijo tan solamente; y que no hubiese el padre que ver en ella, que fuese de aquellas que son llamadas castrense vel quasi castrense peculium. Otros decimos que obispo por sí en las cosas que a él pertenecen, y cabildo y convento y los maestres de las caballerías con otorgamiento de sus conventos y los concejos, que cada uno de estos pueden hacer personero en los pleitos que les pertenecen en juicio fuera de él.

Título 6. De los abogados

Ayúdanse los señores de los pleitos no tan solamente de los personeros de quienes hablamos en el título antes de este, mas aun de los voceros, y porque el oficio de los abogados es muy provechoso para ser mejor librados los pleitos y más en cierto cuando ellos son buenos y andan en ello lealmente, porque ellos aperciben a los jueces y les dan camino para librar más pronto los pleitos, por ellos tuvieron por bien los sabios antiguos que hicieron las leyes, que ellos pudiesen razonar por otro, y mostrar, tanto demandando como defendiendo los pleitos, en juicio de manera que los dueños de ellos por mengua de saber razonar o por miedo o por vergüenza o por no estar hechos a los pleitos, no perdiesen su derecho.

Ley 1

Vocero es hombre que razona pleito de otro en juicio o el suyo mismo o demandado o defendiendo; y tiene así nombre porque con voces y con palabras usa su oficio.

Ley 2

Todo hombre que fuere sabedor de derecho o del fuero o de la costumbre de la tierra porque lo haya usado de gran tiempo, puede ser abogado por otro, fuera de que fuese menor de diecisiete años, o que fuese sordo que no oyese nada, o loco o desmemoriado, o que estuviese en poder ajeno por razón que fuese gastador de lo suyo, pues ninguno de estos no puede ser vocero por sí ni por otro. Eso mismo decimos que monje ni canónigo seglar no pueden ser voceros por sí ni por otro, fuera de por los monasterios o las iglesias donde hacen mayor morada, o por los otros lugares que pertenecen a estas.

Ley 3

Ninguna mujer, aunque sea sabedora no puede ser abogada en juicio por otro; y esto por dos razones; la primera porque no es conveniente ni honesta cosa que la mujer tome oficio de varón estando públicamente envuelta con los hombres para razonar por otro; la segunda, porque antiguamente lo prohibieron los sabios por una mujer que decían Calfurnia, que era sabedora, pero tan desvergonzada y enojaba de tal manera a los jueces con sus voces que no podían con ella. Otrosí viendo que cuando las mujeres pierden la vergüenza es fuerte cosa oírlas y contender con ellas, y tomando escarmiento del mal que sufrieron de las voces de Califurnia, prohibieron que ninguna mujer pudiese razonar por otra. Otrosí decimos que el que fuese ciego de ambos ojos no puede ser abogado por otro, pues como no viese al juez no le podría hacer aquella honra que debía ni a los otros hombres buenos que estuviesen allí. Pero aunque ninguno de estos no puede abogar por otro, bien lo podría hacer por sí mismo si quisiese, demandando o defendiendo su derecho.

Título 11. De las juras que las partes deben hacer en los pleitos después que son comenzados por demanda y por respuesta

Ley 1

Jura es averiguación que se hace nombrando a Dios o alguna otra cosa santa sobre lo que alguno afirma que es así o lo niega; y podemos aun decir en otra manera que jura es afirmación de la verdad, y por eso fue sacada, para que las cosas que los hombres no quieren creer porque no se podrían probar, que la jura los moviese y les abundase para creerlas. Y lo que dijimos que deben jurar por alguna cosa santa, no se entiende por cielo, ni por tierra ni por otra criatura, aunque sea viva o no, mas por Dios primeramente, y por santa María, su madre, o por alguno de los otros santos; y esto por razón de la santidad que recibieron de Dios, o por los evangelios en que se cuentan las palabras y los hechos de Dios, o por la cruz en que fue puesto, o por el altar, porque es sagrado y consagran en él el cuerpo de nuestro señor Jesucristo; y otrosí por la Iglesia, porque alaban allí a Dios y le adoran.

Ley 19

Quitar debemos a los hombres de contiendas cuando pudiéremos; y porque muchas veces acaecen sobre las juras, queremos mostrar cierta manera en esta ley como deben jurar los cristianos; y después mostraremos como deben jurar los judíos y los moros. Y decimos que los cristianos deben jurar así; poniendo las manos sobre alguna de aquellas cosas que dice en la primera ley de este título, y aquel que tomare la jura del que hubiere de jurar, hale de conjurar diciendo de esta manera: «Vos me juráis por Dios Padre que hizo el cielo y la tierra y todas las cosas que en ellos hay, y por Jesucristo, su hijo, que nació de la gloriosa virgen santa María, y por el Espíritu Santo, que son tres personas y un Dios y por estos santos Evangelios que cuentan las palabras y los hechos de nuestro señor Jesucristo». Y si tuviere las manos en la cruz diga que jura por aquella cruz, que es semejanza de aquella en que tuvo muerte nuestro señor Jesucristo para los pecadores salvar; y si las tuviere sobre el altar sobre el que fue consagrado el cuerpo de nuestro señor Jesucristo, que aquello que le demandan que no es así como su contenedor dice, o que es así como él mismo razona; y esto según la razón sobre la que hubiere de jurar. Y sobre todas estas palabras ha de responder aquel que hace la jura al otro que la toma: «Así lo juro yo como vos los habéis dicho». Y después de esto hale de decir aquel que toma la jura de él, que así le ayude Dios y aquellas palabras que él le dijo, y los Evangelios o la cruz o el altar sobre el que jura, como dice verdad; y aquel que jura debe responder «Amén» sin reproche ninguno, pues no es conveniente que aquel que toma la jura sea maltraído por su derecho de demanda.

Ley 20

Los judíos, habiendo de jurar, débenlo hacer de esta manera: aquel que demanda la jura al judío debe ir a la sinagoga con él; y el judío que ha de jurar debe poner las manos sobre la Tora con que hacen oración, y deben estar delante cristianos y judíos para que vean como jura; y aquel que toma jura del judío, hale de conjurar de esta manera: «Juras tú, fulano judío, por aquel Dios que es poderoso sobre todo, y que creó el cielo y la tierra y todas las otras cosas; y que dijo: «No jurarás por mi nombre en vano» y por aquel Dios que hizo a Adán, el primer hombre, y le puso en el paraíso, y le mandó que no comiese de aquella fruta que Él vedó; y porque comió de ella echóle del paraíso; y porque aquel Dios que recibió el sacrificio de Abel y desechó el de Caín, y salvó a Noé en el arca en el tiempo del diluvio, y a su mujer y a sus hijos con sus mujeres, y a todas las cosas vivas que allí metió porque se poblase la tierra después; y por aquel Dios que salvó a Lot y a sus hijos de la destrucción de Sodoma y de Gomorra, y por aquel Dios que dijo a Abraham que en su linaje serían benditas todas las gentes y escogió a él y a Isaac, su hijo y a Jacob por patriarcas, y mandó que se circuncidasen todos los que viniesen de su linaje, y salvó a José de mano de sus hermanos que no lo matasen, y le dio gracia del rey Faraón porque no pereciese su linaje en el tiempo de hambre, y guardó a Moisés, siendo niño, que no muriese cuando le echaron al río, y después cuando fue grande apareciósele en semejanza de fuego y dio las diez plagas en Egipto porque Faraón no dejaba ir a los hijos de Israel a sacrificar en el desierto, e hízoles caminos en la mar por donde pasasen en seco, y mató a Faraón y a su hueste que iban en pos de ellos en aquella mar; y dio la ley a Moisés en el monte Sinaí, y la escribió con su dedo en tablas de piedra, e hizo a Aarón su sacerdote, y destruyó a sus hijos porque hacían sacrificio con fuego ajeno, e hizo que la tierra sorbiese vivos a Datán y Abirón y a los otros compañeros, y dio a los judíos a comer en el desierto maná, e hizo salir de la piedra seca agua dulce que bebiesen, y gobernó los judíos en el desierto cuarenta años, que sus vestiduras no envejecieron ni se rompieron, e hizo que cuando lidiaban los hijos de Israel con los del pueblo de Amalec y alzaba Moisés las manos arriba, que venciesen, y mandó a Moisés que subiese en el monte y después nunca fue visto; otrosí no quiso que ninguno de los que salieron de Egipto entrase en tierra de promisión porque no le eran obedientes ni le conocían cumplidamente el bien que les hacía, fuera de Josué y Calef, a quienes hizo que pasasen el río de Jordán por seco tornando las aguas arriba, y derribó los muros de la ciudad de Jericó porque Josué la tomase más pronto, e hizo otrosí estar el Sol en mediodía hasta que Josué venció a sus enemigos, y escogió a Saúl por el primer rey del pueblo de Israel, y después de su muerte hizo a David reinar, y metió en él espíritu de profecía y en todos los otros profetas y guardóle de muchos peligros, y dijo por él que hallara hombre según su corazón, y subió a Elías al cielo en carro de fuego, e hizo muchas virtudes y muchas maravillas en el pueblo de los judíos, y juras otrosí por los diez mandamientos de la ley que dio Dios a Moisés». Todas estas cosas dichas debe responder una vez: «juro» y después debe decir aquel que le toma la jura, que si verdad sabe y la niega o la encubre y no la dice en aquella razón por la que jura, que vengan sobre él todas las plagas que vinieron sobre los de Egipto y todas las maldiciones de la ley que son puestas contra los que desprecian los mandamientos de Dios; y todo esto dicho debe responder una vez «Amén», sin reproche alguno, así como dijimos en la ley antes de esta.

Ley 21

Moros tienen su jura apartada, que deben hacer en esta manera: debe ir también el que ha de jurar como el que ha de recibir la jura a la puerta de la mezquita, si allí la hubiere; y si no, en el lugar donde le mandare el juez; y el moro que hubiere de jurar debe estar de en pie, y volverse de cara y alzar la mano hacia el mediodía, al que llaman alquinla, y aquel que hubiere de tomar la jura debe decir estas palabras: «Júrasme tú, fulano moro, por aquel Dios que no hay otro sino él, aquel que es demandador y conocedor y destructor y alcanzador de todas las cosas, y que crió esta parte del alquinla hacia la que tú haces oración, y otrosí júrasme por lo que recibió Jacob de la fe de Dios para sí y para sus hijos, y por el homenaje que hizo de guardarla, y por la verdad que tú tienes que puso Dios en la boca de Mahoma, hijo de Abdalla, cuando lo hizo su profeta y su mandadero, según que tú crees, que esto que yo digo no es verdad o que es así como tú dices; y mentira juras, que seas apartado de todos los bienes de Dios y de Mahoma, aquel que tú dices que fue su profeta y su mandadero, y no tengas parte con él, ni con los otros profetas en ninguno de los paraísos, mas todas las penas que dice en el Corán que dará Dios a los que no creen en tu ley, vengan sobre ti». A todo esto sobredicho, debe responder el moro que jurare: «Así lo juro», diciendo todas las palabras él mismo, así como las dijere aquel que toma la jura desde el comienzo hasta el cabo, y sobre todo decir «Amén».

Título 16. De los testigos

Ley 1

Testigos son hombres o mujeres que son tales, que no se pueden desechar como prueba; que presentan las partes en juicio para probar las cosas negadas o dudosas; y nace gran provecho de ellos porque se sabe la verdad por su testimonio, que en otra manera sería muchas veces escondida; y puédelos traer la parte en juicio por quien se comenzó el pleito, o su personero, si entendiere que le son menester y le ayudan en su pleito; pues ninguno no debe ser apremiado para presentar testigos en juicio contra sí, fuera del adelantado de alguna tierra o el juez de algún lugar, pues estos tales desde que acabaren sus oficios, deben hacer derecho a todos aquellos que hubieren querella de ellos, y deben ser obligados a presentar juicio a los oficiales y los otros hombres que vivieron con ellos en aquellos oficios, porque ellos den testimonio de aquellas cosas que hicieron.

Ley 8

Todo hombre de buena fama y a quien no fuere prohibido por las leyes de este libro nuestro, puede ser testigo en juicio por otro, y fuera de juicio; y aquellos a quienes les es prohibido son estos: hombre que es conocidamente de mala fama, y este tal no puede ser testigo en ningún pleito, fuera del pleito de traición que quisiesen hacer o fuese ya hecho contra el rey o al reino, pero entonces no debe ser aceptado su testimonio, a menos de tormentarle primeramente. Otrosí no puede ser testigo hombre contra quien fuese probado que dijera falso testimonio o que falseara carta o sello o moneda del rey, ni otrosí el que dejase de decir verdad en su testimonio por precio que hubiese recibido; ni aquellos a quienes fuese probado que dieran hierbas o ponzoña para matar a algunos, o para hacerles otros daños en los cuerpos, o para hacer perder los hijos a las mujeres preñadas; ni otrosí aquellos que matan a los hombres, fuera de si lo hiciesen en cuestiones propias; ni aquellos que son casados y tienen barraganas conocidas, mientras las tuvieren; ni los que fuerzan las mujeres, bien que las lleven o no; ni aquellos que sacan las que están en orden, ni los que saliesen de una orden y anduviesen sin licencia de sus superiores, mientras que así anduvieren, ni los que casan con sus parientas hasta en el grado que prohibe la santa Iglesia, a menos dispensa, ni ninguno que sea traidor o alevoso o dado conocidamente por malo, o el que hubiese hecho por lo que valiese menos, en tal manera que no pudiese ser par de otro. Otrosí decimos que no puede atestiguar hombre que haya perdido el seso, en cuanto le durare la locura; ni el que fuere de mala vida, así como ladrón o robador, o alcahuete conocido o tafur, que anduviese por las tafurerías o por las tabernas manifiestamente, o mujer que anduviese en semejanza de varón, ni hombre muy pobre y vil que anduviese con malas compañías, ni el que hubiese hecho homenaje y no lo mantuviese, debiéndolo cumplir y pudiendo, y aun decimos que hombre de otra ley, así como judío o moro o hereje, que no puede atestiguar contra cristiano, fuera de en pleito de traición que quisiesen hacer al rey o al reino.

Título 17

Ley 1

Pesquisa en romance tanto quiere decir como inquisitio en latín, y tiene provecho en muchas cosas, pues por ella se sabe la verdad de las cosas mal hechas que de otra manera no podrían ser probadas ni averiguadas, y otrosí tienen medio los reyes por ella de saber en cierto los hechos de su tierra y de escarmentar los hombres falsos y atrevidos que por mengua de prueba cuidan pasar con sus maldades. Y las pesquisas puédense hacer en tres maneras: la una es cuando hacen pesquisa comunalmente sobre una gran tierra o sobre alguna partida de ella o sobre alguna ciudad o villa u otro lugar, que sea hecha sobre todos los que allí moraren o sobre alguno de ellos. La segunda manera de pesquisa es cuando la hacen sobre hechos señalados que no saben quién los hizo, o sobre hechos señalados de hombres conocidos; y esto podría ser así como sobre conducho tomado. La tercera manera es cuando ambas partes se avienen queriendo que el rey o aquel que el pleito ha de juzgar mande hacer la pesquisa.

Título 18. De las escrituras y qué provecho nace de ella y en cuántas maneras se divide

Ley 1

Escritura de la que nace averiguación de prueba es toda carta que es hecha por mano de escribano público o sellada con sello de rey o de otra persona auténtica que sea de creer, y nace de ella muy gran provecho, pues es testimonio de las cosas pasadas y averiguación del pleito sobre la que es hecha; y hay muchas maneras de ella, pues o será privilegio de papa o de emperador o de rey sellado con su sello de oro o de plomo o firmado con signo antiguo, que era acostumbrado en aquella sazón, o cartas de estos señores o de alguna otra persona que tenga dignidad con sello de cera. Y aún hay otra manera de cartas que cada un otro hombre puede mandar hacer y sellar con su sello; y tales como estas valen para aquellos cuyas son, solamente que por su mandato sean hechas y selladas. Y otra escritura hay que un hombre hace con su mano y sin sello, que es como manera de prueba así como adelante se muestra; y hay otra escritura que llaman instrumento público, que es hecha por mano de escribano público.

Ley 25

Mensajeros del rey u otros hombres van algunas veces a otras partes fuera de sus reinos, y han de menester cartas de como vayan guiados, y estas deben ser hechas en latín, porque las entiendan los hombres de las otras tierras en esta manera; a los reyes y a los condes y a los otros grandes hombres de fuera de los reinos que la carta vieren, como les hace saber que él envía a tal hombre en su mandato, y que les ruega que cuando pasare por sus tierras o sus lugares, que ellos que le den seguro guiamiento a ida y a venida, a él y a sus hombres con todas sus cosas; y cuanto quisiera que de bien y de honra que le hagan, se lo agradecerá mucho.

Ley 78

Compañía hacen los hombres unos con otros para ganar algo de común acuerdo; y la carta de la compañía debe ser hecha de esta manera: «Sepan cuantos esta carta vieren como Pedro de la Rochela y don Beltrán, mercaderes de Sevilla, hicieron entre sí compañía por diez años para comprar estableciendo un común acuerdo, y venderlos a retal en la rúa de los Francos de Sevilla, y para hacer todas aquellas cosas que perteneciesen a esta mercaduría; en la cual compañía metió cada una de ellos mil maravedís alfonsíes, con los cuales prometieron entre sí el uno al otro hacer ganancia o daño o pérdida que hubiesen por razón de esta mercaduría. Y todas estas cosas sobredichas y cada una de ellas prometieron un mercado al otro hacer guardar así como dichas son, y no hacer ni venir contra ninguna de ellas so pena de mil maravedís, la cual pena, bien que sea pagada o no, siempre sea firme la postura de esta compañía, obligándose el uno al otro a sí mismo y a sus herederos, y renunciando eximiéndose de toda ley de todo fuero, etc.

Ley 118

Desechar queriendo alguna de las partes carta pública que mostrasen en juicio contra él, diciendo que no debe ser creída porque no es escrita de la mano de aquel que dice que la hizo y cuyo nombre está escrito en ella, y que esto quiere probar en tal manera mostrando otra carta pública hecha por mano de aquel escribano mismo, que no semejase con ella en la letra ni en la forma, decimos que, en tal caso como este o en otro semejante de él, que si el escribano cuyo nombre está escrito en la carta vive, que el juez lo debe hacer venir ante así, y mostrarle aquellas cartas, y preguntarle si las hizo él; y si otorgase que él las hizo, aunque sean desemejantes las cartas en las letras o en las formas, deben ser creídas, porque no puede un hombre escribir siempre de una manera; y a veces hacen desmejar las letras las variaciones de los tiempos en que son hechas o el mudamiento de la tinta por enfermedad o por vejez del escribano; y de una manera escribe hombre cuando es mancebo y sano, y de otra cuando es viejo o enfermo. Mas si el escribano dijere que la primera carta que mostraban en juicio que no la hizo él, entonces no debe ser creída. Y si por ventura el escribano fuere vivo o estuviese en otra tierra tan lejos que no le pudiesen haber para hacerle este pregunta, entonces debe el juez tomar ambas cartas y tener hombres sabedores y entendidos consigo, que sepan bien conocer y entender las formas y las figuras de las letras y las variaciones de ellas, y débeles hacer jurar que esto miren y escudriñen bien y lealmente, y que no dejen de decir verdad de los que entendieren ni por ruego ni por miedo ni por amor ni por desamor ni por otra razón ninguna. Y entonces el juez débese juntar con aquellos hombres buenos y sabedores, y mirar y escudriñar la letra y la figura de ella y la forma y el signo del escribano; y si se acordaren todos en uno que la letra es tan desmejante o tan desvariada que puedan con razón sospechar contra ella, entonces es albedrío del juez desecharla u otorgar que valga si se quisiere.

Título 19. De los escribanos

Ley 1

Escribano tanto quiere decir como hombre que es sabedor de escribir, y hay dos maneras de ello: los unos, que escriben los privilegios y las cartas y las actas de la casa de las ventas y de las compras, y los pleitos y los posturas que los hombres ponen entre sí en las ciudades y en las villas. Y el provecho que nace de ellos es muy grande cuando hacen su oficio lealmente pues se quitan los impedimentos y se acaban las cosas que son menester en el reino por ellos; y queda memoria de las cosas pasadas en sus registros, en las notas que guardan y en las cartas que hacen.

Ley 2

Leales y buenos y entendidos deben ser los escribanos de la corte del rey y que sepan bien escribir de manera que las cartas que ellos hicieren, bien semeje que de corte de rey salen y las hacen hombres de buen entendimiento. Otrosí decimos que los escribanos públicos son puestos en las ciudades y en las villas y en los otros lugares, que deben ser hombres libres y cristianos de buena fama. Y otrosí deben ser sabedores de escribir bien y entendidos del arte de la escribanía, de manera que sepan bien tomar las razones y las posturas que los hombres pusieren entre sí ante ellos; y deben ser hombres que guarden los secretos, de manera que los testamentos y las otras cosas que les fueren mandadas escribir en secreto, que no las descubran de ninguna manera, fuera de sí fuesen en daño del rey o del reino; y además decimos que deben ser vecinos de aquellos lugares de donde fueren escribanos, porque conozcan mejor los hombres entre quienes hicieron las cartas. Y aún decimos que deben ser legos, porque han de escribir y hacer cartas de pesquisas y de otros pleitos en que cae pena de muerte o de lesión, lo que pertenece a clérigo ni a otros hombres de orden, y además, porque, si hiciesen algún yerro por el que mereciesen pena, que se lo pueda el rey reprochar.

Ley 4

Probados deben ser los escribanos cuando los presentan ante el rey si son sabedores de escribir, y si tienen en sí aquellas bondades que dijimos en la ley antes de esta. Y por ello cuando algunos vinieren ante el rey, o fueren presentados por esta razón que dijimos, si fueren para ser escribanos de su corte o para hacer pesquisa allí donde él estuviere o en otro lugar, debe el rey saber de aquellos que más conocedores fueren en su casa de estas cosas, si son tales como dijimos antes. Y esto debe el rey probar si es así; y si tales fueren, débeles recibir, y de otro modo, no. Mas si fueren para ser escribanos en las ciudades o en las villas, debe el rey saber de los hombres buenos de aquellos lugares en donde estén aquellos que quieren hacer escribanos, o de los de su casa o de otros cualquiesquiera por quien mejor lo pueda saber, si son tales como dijimos; y entonces pueden ser recibidos, y no de otra manera. Por esto los escribanos de la corte del rey deben jurar que hagan las cartas lealmente y sin extenderse demasiado; y que no pongan en ellos amor ni desamor, ni miedo ni vergüenza, ni ruego ni don que les den ni les prometan; y sobre todo, que guarden secreto del rey y de su señorío, y a todas las cosas que a él pertenecen según aquello que ellos han de hacer. Y los escribanos de las ciudades y de las villas deben jurar que guarden otrosí al rey y a su señorío y a todas las cosas les pertenecen así como antes dijimos; y otrosí, que guarden provecho y honra de sus concejos cuando ellos pudieren, y supieren y entendieren; y que hagan las cartas lealmente, guardando todas las cosas que dijimos que deben guardar los escribanos del rey en hacer las cartas.

Título 20. De los sellos y de los selladores de la Cancillería

Selladores son una manera de oficiales que conviene mucho que tengan en sí gran lealtad, y que sean muy acuciosos en guardar los sellos y en sellar las cartas, y según el uso de este tiempo mucho ayuda para ser cumplida la prueba y creída la carta cuando es sellada.

Ley 1
Sello es la señal que el rey u otro hombre cualquiera manda hacer en metal o en piedra para firmar sus cartas con él; y fue hallado antiguamente para que fuese puesto en la carta como por testigo de las cosas que son escritas en ella, y tienen provecho en muchas cosas, y por él las donaciones y las tierras y las heredades que los señores dan a sus vasallos, las tienen firmes y seguras; y otrosí las mandaderías que un hombre envía por sus cartas son más guardadas y van en mayor secreto por la cerradura del sello; y otrosí todas las cosas que un hombre ha de librar por sus cartas, líbranse mejor y son más creídas cuando su sello es puesto en testimonio de ellas. Y por ello todo hombre que tiene en guarda sello de rey o de otro señor cualquiera, débelo mucho guardar, y usar de él lealmente, de manera que no pueda ser sellada con él ninguna carta falsa.

Ley 2

Canciller o notario, después que hubieren recibido los sellos de manos de rey deben mirar a quienes los dan que sellen las cartas; y esos son llamados selladores; y en las ciudades y en las villas, débelos poner el rey. Y decimos que deben ser hombres buenos y leales y de buena vida y sin mala codicia; y los de la cancillería del rey deben ser tantos cuantos entendiere el rey que serán menester para guardar las cartas que vayan derechas y sin yerro; y los de las ciudades y de las villas deben ser dos hombres buenos y leales en cada lugar, que aumenten el provecho de su tierra y sean sin bandería, y que tenga el uno, una tabla y el otro, la otra, porque más lealmente sellen las cartas y más sin engaño.

Título 21. De los consejeros

Ley 1

Consejo es buen entendimiento que un hombre toma sobre las cosas dudosas para que no pueda caer en yerro, y deben mucho mirar el consejo antes que lo den aquellos a quienes es demandado. Y otrosí los que lo demanden deben ser muy cuidadosos observando con atención a aquellos a quienes demandan consejo; que sean tales que se lo sepan dar bueno, y que los quieran aconsejar y lo puedan hacer, de otra manera no lo darían bien; y por ello dijeron los sabios antiguos: «Todas las cosas haz siempre con consejo, mas examina antes quién es aquel con quien te has de aconsejar». Y nace gran provecho del consejo cuando es bien dado y lo dan derechamente y en su tiempo; y por él delibera y hace un hombre las cosas más en cierto y más seguramente y con razón, y guárdese mejor de los peligros que le podrían venir, y no trae su hacienda a la ventura; y si le viniese bien por ella, gánalo con derecho, y si por ventura le acaeciesen algunos peligros o algunos daños, no le vendrían por su culpa, y excúsase por ello en cuanto a Dios y a los hombres.

Título 28. De como gana el hombre el señorío en las cosas de cualquier naturaleza que sean

Ley 1

Señorío es poder que un hombre tiene en cosa para hacer con ella y en ella lo que quisiere, según Dios y según fuero. Y hay tres maneras de señorío; la una es poder esmerado que tienen los emperadores y los reyes para escarmentar a los malhechores y dar su derecho a cada uno en tu tierra. La otra manera de señorío es poder que los hombres tienen en las cosas muebles o raíces de este mundo en su vida, y después de su muerte pasa a sus herederos o a aquellos a quienes lo enajenase mientras viviese. La tercera manera de señorío es poder que los hombres tienen en fruto o en renta de algunas cosas en su vida, o a tiempo cierto, o en castillo o en tierra que un hombre tuviese en feudo.

Ley 2

Diferencia hay muy grande entre las cosas de este mundo, pues tales hay de ellas que pertenecen a las aves y a las bestias y a todas las criaturas que viven para poder usar de ellas tanto como los hombres y otras que pertenecen tan solamente a los hombres; y otras hay que pertenecen apartadamente al común de alguna ciudad o villa o castillo o de otro lugar cualquiera donde los hombres moren; y otras hay que pertenecen aun señaladamente a cada hombre para poder ganar o perder el señorío, y otras que no pertenecen a señorío de ningún hombre, ni son contadas en sus bienes.

Ley 3

Las cosas que comunalmente pertenecen a todas las criaturas que viven en este mundo son estas: el aire y las aguas de la lluvia y el mar y su ribera, pues cualquier criatura que viva puede usar de cada una de estas cosas según le fuere menester, y por ello todo hombre se puede aprovechar del mar y de su ribera, pescando y navegando y haciendo allí todas las cosas que entendiere que a su provecho serán.

Ley 6

Los ríos y los puertos y los caminos públicos pertenecen a todos los hombres comunalmente, en tal manera que tanto pueden usar de ellos los que son de otra tierra extraña, como los que moran y viven en aquella tierra de donde son; y comoquiera que las riberas de los ríos sean, en cuanto al señorío, de aquellos cuyas son las heredades a las que están ayuntadas, con todo eso todo hombre puede usar de ellas ligando a los árboles que allí están sus navíos y adobando sus velas en ellos y poniendo allí sus mercadurías, y pueden los pescadores poner allí sus pescados y venderlos, y enjugar allí sus redes, y usar en las riberas de todas las otras cosas semejantes de estas que pertenecen al arte o al menester por los que viven.

Ley 8

Molino ni canal ni casa ni torre ni cabaña ni otro edificio ninguno no puede un hombre hacer nuevamente en los ríos por los cuales los hombres andan con sus navíos, ni en las riberas de ellos, porque se embargase el uso comunal de los hombres. Y si alguno lo hiciese allí de nuevo o fuese hecho antiguamente de los que viniese daño al uso comunal, debe ser derribado; y no sería gustosa cosa que el provecho de todos los hombres comunalmente se estorbase por el provecho de algunos.

Ley 9

Apartadamente son del común de cada ciudad o villa las fuentes y la plazas donde hacen las ferias y los mercados, y los lugares donde se juntan a concejo y los arenales que están las riberas de los ríos, y los otros ejidos y las correderas donde corren los caballos y los montes y las dehesas y todos los otros lugares semejantes de estos que son establecidos y otorgados para provecho comunal de cada ciudad o villa o castillo u otro lugar; y todo hombre que fuere allí morador puede usar de todas estas cosas sobredichas, y son comunalmente a todos, tanto a los pobres como a los ricos. Mas lo que fuesen moradores de otro lugar no podrían usar de ellas contra voluntad y prohibición de los que morasen allí.

Ley 11

Las rentas de los puertos y los portazgos que dan los mercaderes por razón de las cosas que sacan o meten en la tierra, y las rentas de las salinas y de las pesquerías, y de las herrería y de los otros metales, y los pechos y tributos que dan los hombres son de los emperadores y de los reyes. Y fuéronles otorgadas todas estas cosas porque tuviesen con que mantenerse honradamente en sus despensas, y con que pudiesen amparar sus tierras y sus reinos, y guerrear contra los enemigos de la fe; y porque pudiesen excusar sus pueblos de echarles muchos pechos y hacerles otros agravios.

Ley 12

Toda cosa sagrada o religiosa o santa que es establecida en servicio de Dios no es en poder de ningún hombre el señorío de ella, ni puede ser contada entre sus bienes; y aunque los clérigos las tengan en su poder, no tienen el señorío de ellas, mas tiénenlas así como guardadores y servidores. Y porque ellos han de guardar estas cosas y servir a Dios en ellas y con ellas, por ello les fue otorgado que de las rentas de la iglesia y de sus heredades tuviesen con qué vivir mesuradamente; y lo demás, porque es de Dios, que lo gastasen en obras de piedad, así como en dar de comer y vestir a los pobres, y en hacer criar a los huérfanos, y en casar a las vírgenes pobres para desviarlas de que con la pobreza no tengan que ser malas mujeres, y para sacar cautivos y reparar las iglesias, comprando cálices y vestimentas y libros y las otras cosas de que fueren faltas, y en otras obras de piedad semejantes a estas.

Ley 22

Pavones y faisanes y gallinas de India y palomas y grullas y ánsares y las otras aves semejantes de ellas, que son salvajes según naturaleza, acostumbran los hombres a veces a amansar y criar en sus casas. Y por ello decimos que en cuanto acostumbran estas aves reales a ir y volver a casa de aquel que las cría, que tiene el señorío de ellas por dondequiera que anden; mas luego que ellas por sí se dejan de la costumbre que usaban de ir y volver, que pierde el señorío de ellas el que lo tenía, y gánalo quienquiera que las prenda. Eso mismo decimos de los ciervos y de los gamos y de las cebras y de las otras bestias salvajes que los hombres amansan y crían en sus casas, pues luego que se vuelven a la selva y no usan de venir a la casa o al lugar donde su dueño las tenía, pierde el señorío de ellas.

Ley 36

Escribiendo algún hombre en pergamino ajeno algún libro de versos o de historias o de otra cosa cualquiera, este libro tal debe ser de aquel cuyo era el pergamino en que lo escribieron; empero si aquel que lo escribió hubo buena fe escribiéndolo, cuidando que era suyo el pergamino o que tenía derecho de hacerlo, si el libro quisiere tener aquel cuyo es el pergamino, debe pagar al otro por la escritura que allí escribió aquello que entendieren hombres sabedores que merece por ello. Mas si hubiere mala fe escribiéndolo, sabiendo que el pergamino era ajeno, entonces pierde la escritura, y tiene que dar el libro a aquel cuyo era el pergamino, fuera de si lo hubiese escrito por precio conocido, pues entonces tanto le debe dar por él cuanto le prometió.

Ley 39

Pintando algún hombre en tabla o en viga ajena alguna imagen de otra cosa cualquiera, si hubo buena fe pintándola, cuidando que aquello en que la pintaba, que era suyo y que lo podía hacer con derecho, entonces el pintor gana el señorío de la tabla o de la cosa en que la pinta, y es suya tanto como aquello que pinta allí, pero tiene que dar a aquel cuya era la tabla tanto cuanto valiere por ella. Mas si hubo mala fe pintándola, sabiendo que era ajena aquella cosa en que la pintaba para sí, entonces pierde la pintura y debe ser de aquel cuya era la cosa en que la pintó; y semeja que pues que él sabía que la tabla era ajena, que quería dar a aquel cuya era aquello que pintaba allí.

Ley 48

Cuando los emperadores o los reyes se coronan o se hacen caballeros, llegándose allí grandes gentes para hacerles honra, suelen usar sus camareros, echar dineros de oro o de plata y otras joyas por las calles. Y esto hacen por dos razones: la una, por nobleza y por alegría; y la otra, porque hubiesen camino para pasar más ligera entre la espesura de la gente; y cuando los hombres ven echar el oro y la plata y las joyas corren a tomarlo, y líbrase por ello el camino por donde habían de pasar. Y por ellos decimos que quienquiera que tomase oro o plata u otras joyas que así fuesen echadas por las calles, que gana el señorío cada uno de todo cuanto tomares; y con tal entendimiento manda el señor echarlo por las calles, que sea de cada uno que lo hallare o tomare.

Partida cuarta

Honras señaladas dio nuestro señor Dios al hombre sobre las otras criaturas que Él hizo: primeramente en hacerle a su imagen y semejanza. Otrosí le honró mucho en que todas las criaturas que Él había hecho, le dio para su servicio, y sin todo esto le hubo hecho otra muy gran honra, que hizo mujer que le diese por compañera en que hiciese linaje, y estableció el casamiento de ambos en el paraíso, y puso ley naturalmente ordenada entre ellos, que así como eran de cuerpos repartidos según naturaleza, que fuesen uno cuanto en amor, de manera que no se pudieran separar, guardando lealtad uno a otro; y otrosí que de aquella amistad saliese linaje de que todo el mundo fuese poblado, y Él loado y servido.

Título 1. De los desposorios

Ley 1

Llamada es desposorio la promesa que hacen los hombres por palabra cuando quieren casarse; y tomó este nombre de una palabra cuando quieren casarse; y tomó este nombre de una palabra que es llamada en latín spondeo, que quiere tanto decir en romance como prometer; y esto es porque los antiguos hubieron por costumbre prometer cada una a la mujer con quien se quería juntar, que casaría con ella.

Título 2 De los casamientos

Ley 1

Matrimonio es ayuntamiento de marido y de mujer hecho con tal intención de vivir siempre en uno, y de no separarse, guardando lealmente cada uno de ellos al otro, y no ayuntándose el varón a otra mujer, ni ella a otro varón, viendo reunidos ambos.

Ley 2

Matris y munium son dos palabras del latín de que tomó nombre matrimonio, que quiere tanto decir en romance como oficio de madre. Y la razón de por qué llaman matrimonio al casamiento y no patrimonio es esta: porque la madre sufre mayores trabajos con los hijos que no el padre, pues comoquiera que el padre los engendre, la madre sufre gran embargo con ellos mientras que los trae en el vientre, y sufre muy grandes dolores cuando ha de parir y después que son nacidos, lleva muy grandes trabajos en criarlos ella por sí misma, y además de esto, porque los hijos, mientras que son pequeños, más necesitan la ayuda de la madre que del padre. Y porque todas estas razones sobredichas caen a la madre hacer y no al padre, por ello es llamado matrimonio y no patrimonio.

Ley 3

Provecho muy grande y muchos bienes nacen del casamiento, y aun sin aquellos, señaladamente se levantan de él tres: fe y linaje y sacramento. Y esta fe es la lealtad que deben guardar el uno al otro el marido y la mujer, no teniendo él que ver con otra, ni ella con otro. Y el otro bien de linaje es hacer hijos para crecer derechamente el linaje de los hombres; y con tal intención deben todos casar, tanto los que no pueden tener hijos, como los que los tienen. Y el tercer bien del sacramento es que nunca se deben separar en su vida, y pues que Dios los ayuntó, no es derecho que el hombre los separe. Y además crece el amor entre el marido y la mujer, pues que sabe que no se han de partir, y son más ciertos de sus hijos, y ámanlos más por ello, pero con todo esto bien se podrían separar si alguno de ellos hiciese pecado de adulterio, o entrase en orden con otorgamiento del otro después que se hubiesen juntado carnalmente. Y comoquiera que se separen para no vivir en uno por alguna de estas maneras, no se rompe por eso el matrimonio.

Ley 4

El paraíso terrenal es el lugar donde fue primeramente establecido el casamiento; y fue hecho antes que Adán pecase, y según muestran los santos, si se hubiesen guardado de pecar, hicieran los hombres y las mujeres hijos sin deleite y sin codicia de la carne. Y las palabras por las que se hizo el casamiento son aquellas que dijo Adán cuando vio a Eva su mujer que los huesos y la carne de ella, que fueron de él, y que serían de ambos como una carne y no se hizo por las palabras que algunos cuidaron cuando bendijo nuestro Señor a Adán y a Eva, y les dijo: «Creced y multiplicaos y henchid la tierra», y estas palabras no fueron sino de bendición. Y las razones por las que el casamiento fue establecidos mayormente son dos: la una para hacer hijos y crecer el linaje de los hombres, y por esto estableció nuestro señor Dios el casamiento en el paraíso primeramente, y la otra, por guardarse los hombres de pecado de fornicación; y esto estableció san Pablo por gracia del Espíritu Santo Y comoquiera que por otras razones se mueven los hombres a hacer los casamientos, así como por quitar enemistad entre los linajes o por hermosura de las mujeres o por las riquezas que tienen o porque son de gran linajes, señaladamente fue establecido y se debe hacer por las dos razones sobredichas; según Dios y según ley.

Ley 5

Consentimiento solo con voluntad de casar hacer matrimonio entre el varón y la mujer; y esto es por esta razón, porque aunque sean dichas palabras según deben para hacer el casamiento, si la voluntad de aquellos que las dicen no consiente con las palabras no vale el matrimonio cuanto para ser verdadero, comoquiera que la Iglesia juzgaría que valiese, si fuesen probadas las palabras por juicio que fueran dichas en la manera que se hace el casamiento por ella. Pero razón hay por la que se podría hacer el matrimonio sin palabras tan solamente por el consentimiento; y esto sería como si alguno casase que fuese mudo, que aunque por palabras no pudiese hacer el casamiento, lo podría hacer por señales y por el consentimiento.

Ley 6

Casar pueden todos aquellos que tienen entendimiento sano para consentir el casamiento, y que son tales que no tienen embargo que les impida yacer con las mujeres, fuera de aquellos a quienes prohibe el derecho señaladamente que no puedan casar; aunque los mozos y las mozas que no son de edad, digan aquellas palabras por las que se hace el matrimonio, porque no tienen entendimiento para consentir, por ello vale el casamiento que entre tales es hecho. Otrosí el que fuese castrado o le faltasen aquellos miembros que son menester para engendrar aunque haya entendimiento para consentir no valdría el casamiento que hiciese, porque no se podría juntar con su mujer carnalmente para hacer hijos. Otrosí el que fuese loco o loca, de manera que nunca perdiese la locura, no puede consentir para hacer casamiento, aunque dijese aquellas palabras por las que se hace el matrimonio.

Ley 7

Ligamiento y fortaleza muy grande tiene el casamiento en sí, de manera que, pues que es hecho entre algunos como debe, no se puede desatar que matrimonio no sea, aunque alguno de ellos se haga hereje o judío o moro o hiciese adulterio. Y comoquiera que esta fortaleza tenga el casamiento, separarse puede por juicio de santa iglesia por cualquier de estas cuatro cosas sobredichas para no vivir en uno, ni juntarse carnalmente. Mas si alguno de los que fuesen casados cegase, o se hiciese sordo, o contrahecho, o perdiese sus miembros por dolores o por enfermedad o por otra manera cualquiera, por ninguna de estas cosas, ni aunque se volviera leproso, debe el uno desamparar al otro por guardar la fe y la lealtad que se prometieron en el casamiento, antes deben vivir en uno y servir el sano al otro, y proveerle de las cosas que menester le fueren según su poder. Otrosí, siendo allegados en uno carnalmente el marido y la mujer, no tiene poder ninguno de ellos en su cuerpo para entrar en orden o hacer otro voto, ni para guardar castidad sin voluntad del otro, antes tiene poder el marido en el cuerpo de la mujer y ella en el del marido, cuanto en estas cosas. Y aun puede apremiar la Iglesia a cualquiera de los que fuesen casados en uno, si alguno de ellos se querellase del otro que no quería yacer con él, y por tal razón débelo la Iglesia apremiar a que lo haga, aunque nunca fuesen juntados en uno. Y aun tiene otra fuerza el casamiento según las leyes antiguas, que aunque la mujer fuera de vil linaje, si casase con rey, débenla llamar reina, y sin con conde, condesa; y aun después que fuere muerto su marido la llamarán así, si no casare con otro de menor clase, pues las honras y las dignidades de los maridos tienen las mujeres por razón de ellos. Y sobre todas las otras honras que las leyes otorgan a las mujeres, esta es la mayor: que los hijos que nacen de ellas viviendo juntamente con sus maridos, que son tenidos ciertamente por hijos de ellos y deben heredar su bienes, y por eso los deben honrar, y amar y guardar sobre todas las cosas del mundo, y ellos otrosí a ellas.

Ley 9

Excusa tiene el marido y la mujer a veces de no pecar cuando yacen juntos porque se mueven a hacer esto por cuatro razones; y por algunas de ellas caen en pecado; y por algunas no, repórtalo la santa iglesia de esta manera; que cuando se junta el marido con su mujer con intención de tener hijos, no hace pecado ninguno, pues antes hace lo que debe según Dios manda; y la otra es cuando se junta el uno de ellos al otro, no porque él tenga voluntad de hacerlo, mas porque el otro lo demanda; y en esta otrosí no hay pecado ninguno. La tercera razón es cuando vence la carne y tiene gusto en hacerlo, y tiene por mejor allegarse a aquel con quien es casado, que hacer fornicación en otra parte, y en esta yace pecado venial, porque se mueve a hacerlo más por codicia de la carne que no por hacer hijos. La cuarta razón es cuando se trabajase el varón por su maldad, porque lo pueda más hacer comiendo letuarios calientes o haciendo otras cosas; y en esta manera peca mortalmente, pues muy desaguisada cosa hace el que quiera usar de su mujer tan locamente como haría con otra mala mujer, esforzándose por hacer lo que la naturaleza no le da.

Título 3. De los desposorios y de los casamientos que se hacen en encubierto

Ley 1

Escondidos son llamados los casamientos de tres maneras, la primera es cuando los hacen encubiertamente y sin testigos, de manera que no se pueden probar; la segunda es cuando los hacen ante algunos, mas no demandan a la novia a su padre o su madre o a los otros parientes que la tienen en guarda, ni dan sus arras ante ellos ni le hacen las otras honras que manda la iglesia; la tercera es cuando no hacen saber concejeramente en aquella iglesia de la cual son parroquianos, pues para no ser el casamiento hecho encubiertamente, es necesario que antes que los desposen, diga el clérigo en la iglesia ante todos los que allí estuvieren como tal hombre quiere casar con tal mujer, nombrándolos por sus nombres, y que amonesta a todos cuantos allí están a que si saben que hay algún impedimento entre ellos por el que no deban casar en uno, que lo digan hasta algún día que les nombre señaladamente. Y aun con todo esto, los clérigos deben procurar entre tanto saber cuanto pudieren si hay algún embargo entre ellos y si hallaren algunas señales de impedimento, deben vedar que no se casen hasta que sepan si es tal cosa que pueda por ello impedir el casamiento o no. Y la razón por la que prohibió la iglesia que los casamientos no fuesen hechos encubiertamente es esta: porque si desacuerdo viniese entre el marido y la mujer, de manera que no quisiere alguno de ellos vivir con el otro, aunque el casamiento fuese verdadero, según que es sobredicho, no podría por eso la iglesia apremiar a aquel que se quisiese separar del otro. Y esto es porque el casamiento no se podría probar, pues la iglesia no puede juzgar las cosas encubiertas, mas según que razonaren las partes y fuere probado.

Título 5. De los casamientos de los siervos

Servidumbre es la más vil y la más despreciada cosa que entre los hombres puede ser, porque el hombre, que es la más noble y libre criatura entre todas las otras criaturas que Dios hizo, se torna por ella en poder de otro, de manera que pueden hacer de él lo que quisieren, vivo o muerto, y tan despreciada cosa es esta servidumbre que el que en ella cae no tan solamente pierde poder de no hacer de lo suyo lo que quisiese, mas aún de su persona misma no es poderoso sino en cuanto le manda su señor.

Ley 1

Usaron de largo tiempo acá y túvolo por bien la santa iglesia, que casasen comunalmente los siervos y las siervas en uno. Otrosí puede casar el siervo con su mujer libre, y valdrá el casamiento si ella sabía que era siervo cuando casó con él, y eso mismo puede hacer la sierva, que se puede casar con un hombre libre, pero es menester que sean cristianos para valer el casamiento. Y pueden los siervos casar en uno, y aunque lo contradigan sus señores, valdrá el casamiento; y no debe ser deshecho por esta razón si consintiere el uno en el otro. Y comoquiera que pueden casar contra voluntad de sus señores, con todo esto quedarán obligados a servirlo también como antes hacían. Y si muchos hombres tuviesen dos siervos que fuesen casados en uno, si acaeciere que los hubiesen de vender, débenlo hacer de manera que puedan vivir en uno y hacer servicio a aquellos que los compraren y no pueden vender el uno en una tierra y el otro en otra, porque tendrían que vivir separados.

Título 8. De los varones que no pueden convenir con las mujeres, ni ellas con ellos por algunos impedimentos que tienen en sí mismos

Ley 2

Impotentia en latín tanto quiere decir en romance como no poder; y este no poder yacer con las mujeres, por el cual se impiden los casamientos, se reparte de dos maneras: la una es la que dura hasta algún tiempo; y la otra, que dura por siempre. Y la que es a tiempo ocurre en los niños, que los impide que no pueden casar hasta que son de edad; comoquiera que se pueden desposar; y la otra manera que dura por siempre es la que ocurre en los hombres que son fríos de naturaleza, y en las mujeres que son estrechas que por maestrías que les hagan sin peligro grande de ellas, ni por uso de sus maridos que se esfuerzan por yacer con ellas, no pueden convenir con ellas carnalmente; pues, por tal impedimento como este, bien puede la santa iglesia anular el casamiento demandándolo alguno de ellos, y debe dar licencia para casar al que no fuere impedido.

Ley 4

Castrados son los que pierden por alguna ocasión que les ocurre aquellos miembros que son menester para engendrar, así como si alguno saltase sobre algún seto de palos que se trabase en ellos, o se los rompiese o se los arrebatase algún oso o puerco o can, o se los cortase algún hombre, o se los sacase o por otra manera cualquiera que los perdiese. Y por ello cualquier que fuese ocasionado de esta manera no puede casar; y se casare no vale el matrimonio, porque el que tal fuese no podría cumplir a su mujer el deudo carnal que era obligado cumplirle; y después que los separa la santa iglesia, puede la mujer asar con otro, si quisiere.

Título 10. Del departimiento de los casamientos

Ley 1

Divortium en latín tanto quiere decir en romance como departimiento y es cosa que separa la mujer del marido o el marido de la mujer por impedimento que hay entre ellos, cuando es probado en juicio derechamente; y quien de otra manera esto hiciese separándolos por fuerza o contra derecho; haría contra lo que dijo nuestro señor Jesucristo en el Evangelio; los que Dios juntó, no los separe el hombre. Mas siendo separados por derecho, no se entiende entonces el hombre, mas el derecho escrito y el impedimento que hay entre ellos. El divorcio tomó ese nombre del departimiento de voluntades del marido y de la mujer, que son contrarias y diversas en el departimiento, de cuales fueron o eran cuando se juntaron.

Ley 2

Propiamente hay dos razones y dos maneras de departimiento a las que pertenece este nombre de divorcio, comoquiera que sean muchas las razones por las que separen a aquellos que semeja que están casados y no lo están por algún embargo que hay entre ellos; y de estas dos es la una religión, y la otra, pecado de fornicación. Y por la religión se hace divorcio en esta manera, pues si algunos que son casados con derecho, no habiendo entre ellos ninguno de los impedimentos por los que se debe el matrimonio separar, si a alguno de ellos, después que fuesen juntados carnalmente, les viniese en voluntad entrar en orden y se lo otorgase el otro, prometiendo el que queda en el mundo guardar castidad, siendo tan viejo que no puedan sospechar contra él que hará pecado de fornicación, y entrando el otro en la orden, de esta manera se hace del departimiento para ser llamado propiamente divorcio, pero debe ser hecho por mandato del obispo o de alguno de los otros prelados de la iglesia que tienen poder de mandarlo. Otrosí haciendo la mujer contra su marido pecado de fornicación o de adulterio, es la otra razón que dijimos porque hace propiamente el divorcio, siendo hecha la acusación delante del juez de la iglesia, y probando la fornicación o el adulterio. Esto mismo sería del que hiciese fornicación espiritualmente tornándose hereje o moro o judío, si no quisiese hacer enmienda de su maldad.

Título 11. De las dotes y de las donaciones y de las arras

Ley 1

El algo que da la mujer al marido por razón de casamiento es llamado dote; y es como manera de donación hecha con entendimiento de mantenerse y ayudar el matrimonio con ella. Y según dicen los sabios antiguos es como propio patrimonio de la mujer y lo que el varón da a la mujer por razón de casamiento es llamado en latín donatio propter nuptias, que quiere tanto decir como donación que da el varón a la mujer por razón que casa con ella; y tal donación como esta dicen en España propiamente arras. Más según las leyes de los sabios antiguos esta palabra arra tiene otro entendimiento, porque quiere tanto decir como peño que es dado entre algunos para que se cumpla el matrimonio que prometieron hacer; y si por ventura el matrimonio no se cumpliese, que quedase en salvo el peño a aquel que guardase la promesa que había hecho, y que lo perdiese el otro que no guardase lo que había prometido; y comoquiera que pena que fuese puesta sobre pleito de matrimonio no debe valer, pero peño o arra o postura que fuese hecha en tal razón, debe valer.

Título 13. De los hijos legítimos

Entre todos los otros bienes que dijimos en los títulos antes de este que hay en el matrimonio, es uno de ellos que los hijos que nacen de él son derechureros y hechos según ley; y a tales hijos como estos, según dijeron los santos ama Dios ay ayúdales y dales esfuerzo y poder para vencer a los enemigos de su fe, pues son así como sagrados, puesto que son hechos sin malestanza y sin pecado, y sin todo esto son considerados como más nobles, porque son ciertos y conocidos más que los otros que nacen de muchas mujeres que no pueden ser tan bien guardadas como la una.

Ley 1

Legítimo hijo tanto quiero decir como el que es hecho según ley, y aquellos deben ser llamados legítimos los que nacen de padre y de madre que son casados verdaderamente, según manda la santa iglesia. Y aun si acaeciese que entre algunos de los que se casasen manifiestamente en el seno de la iglesia hubiese tal impedimento por el que el casamiento se debiese partir, los hijos que hiciesen antes que supiesen que había entre ellos tal impedimento serían legítimos.

Ley 2

Honra con muy gran provecho viene a los hijos en ser legítimos, pues tienen por ello las honras de sus padres, y otrosí pueden recibir dignidad y orden sagrada de la iglesia, y las otras honras seglares. Y aun heredan a sus padres y a sus abuelos y a los otros sus parientes, lo que no pueden hacer los otros que no son legítimos.

Título 14. De las otras mujeres que tienen los hombres que no son de bendiciones

Ley 1

Ingenua mulier es llamada en latín toda mujer que desde el nacimiento fue siempre libre de toda servidumbre y que nunca fue sierva. Y esta tal puede ser recibida por barragana según las leyes, bien que sea nacida de vil linaje o en vil lugar, o se mala de su cuerpo o no. Y tomó este nombre de dos palabras, de barra, que es de arábigo, que quiere tanto decir como fuera, y gana que es de ladino, que es por ganancia; y estas dos palabras juntadas en uno quieren tanto decir como ganancia que es hecha fuera de mandamiento de la iglesia, y por ello los que nacen de tales mujeres son llamados hijos de ganancia. Otrosí puede ser recibida por tal mujer también la que fuere liberada, como la sierva.

Ley 2

Comunalmente, según las leyes seglares mandan, todo hombre que no fuese impedido por orden o casamiento puede tener barragana sin miedo de pena temporal, solamente que no la tenga virgen ni se menor de doce años, ni tal viuda que viva honestamente y que sea de buen testimonio. Y tal viuda como esta, queriéndola alguno recibir por barragana u otra mujer que fuese libre desde su nacimiento y no fuese virgen, débelo hacer cuando la recibiese ante hombres buenos, diciendo manifiestamente ante ellos como la recibe por barragana suya; y si de otra manera la recibiese, sospecha cierta sería ante ellos de que era su mujer legítima y no su barragana. Otrosí ningún hombre no puede tener muchas barraganas, pues según las leyes mandan, aquella es llamada barragana que es una sola, y es necesario que sea tal que pueda casar con ella si quiere aquel que la tiene por barragana.

Ley 3

Ilustres personae son llamadas en latín las personas honradas y de gran condición, que son puestas en dignidades, así como los reyes y los que descienden de ellos, y los condes, y otrosí los que descienden de ellos, y los otros hombres honrados semejantes de estos; y estos tales comoquiera que según las leyes pueden recibir barraganas, tales mujeres hay que no deben recibir, así como la sierva o hija de sierva, ni otrosí la que fuese liberada ni su hija, ni juglaresa ni su hija, ni tabernera, ni regatera, ni sus hijas, ni alcahueta ni su hija, ni otra persona ninguna de aquellas que son llamadas viles por razón de sí mismas o por razón de aquellos de los que descendieron, pues no sería conveniente cosa que la sangre de los nobles hombres fuese esparcida ni juntada a tan viles mujeres. Y si alguno de los sobredichos hiciese contra esto, si hubiese hijo de tal mujer vil, según las leyes no sería llamado hijo natural, antes sería llamado espurio, que quiere tanto decir como fornecino, y además tal hijo como este no debe tener parte en los bienes de su padre, ni es el padre obligado de criarlo, si no quisiere.

Título 15. De los hijos que no son legítimos

Ley 1

Naturales y no legítimos llamaron los sabios antiguos a los hijos que no nacen de casamiento según ley, así como los que hacen en las barraganas; y los fornecino, que nacen de adulterio, o son hechos en parienta o en mujeres de orden, estos no son llamados naturales, porque hechos contra la ley y contra razón natural. Otros hijos hay que son llamados en latín mánceres, y tomaron este nombre de dos partes del latín mania y scelus, que quiere tanto decir como pecado infernal, pues los que son llamados mánceres nacen de las mujeres que están en la putería y danse a todos cuantos a ellos vienen, y por ello no pueden saber cuyos hijos son los que nacen de ellas. Y hombres hay que dicen que máncer tanto quiere decir como mancillento, porque fue engendrado malamente y nace de vil lugar. Otra manera de hijos que son llamados en latín spurii, que quiere tanto decir como los que nacen de las mujeres que tienen algunos por barraganas de fuera de sus casas, y son ellas tales que se dan a otros hombres sin aquellos que las tienen por amigas, y por ellos no saben quién es su padre del que nade de tal mujer. Otra manera hay de hijos que son llamados notos, porque semeja que son hijos conocidos del marido que la tiene en casa, y no lo son.

Título 16. De los hijos prohijados

Ley 1

Adoptio en latín tanto quiere decir en romance como prohijamiento, y este prohijamiento es una manera que establecieron las leyes, por la cual pueden los hombres ser hijos de otros, aunque no lo sean naturalmente.

Ley 2

Prohijar puede todo hombre libre que es salido del poder de su padre; pero es menester que el quisiere esto hacer tenga todas estas cosas: que sea mayor que aquel a quien quiere prohijar de dieciocho años, y que haya poder naturalmente de engendrar, habiendo sus miembros para ellos, y no siendo tan de fría naturaleza por la que se lo impida. Otrosí ninguna mujer no tiene poder de prohijar, fuera de una manera: si hubiese perdido algún hijo en batalla en servicio del rey, o en hacienda en que se acertase con el común de algún concejo.

Título 17. Del poder que tienen los padre sobre los hijos, de cualquier naturaleza que sean

Ley 1

Patria potestas en latín tanto quiere decir en romance como el poder que tienen los padres sobre los hijos; y este poder en un derecho tal que tienen señaladamente los que viven y se juzgan según las leyes antiguas derechas que hicieron los filósofos y los sabios por mandado y por otorgamiento de los emperadores; y tienen sobre sus hijos y sobre sus nietos y sobre todos los otros de su linaje que descienden de ellos por la línea derecha, y que son nacidos del casamiento derecho.

Ley 2

Naturales son llamados los hijos que tienen los hombres de las barraganas. Estos hijos tales no quedan en poderío del padre, así como lo son los legítimos. Y otrosí no están en poder del padre los hijos que son llamados en latín incestuosi.

Ley 3

Tómase esta palabra, que es llamada en latín potestas, que quiere tanto decir en romance como poderío, en muchas maneras, a veces se toma esta por señorío, así como aviene en el poderío que tiene señor sobre su siervo, a veces se toma por jurisdicción, así como acaece en el poder que tienen los reyes y los otros que tienen sus lugares sobre aquellos a los que tienen el poder de juzgar; a veces, se toma por el poder que tienen los obispos sobre sus clérigos; y los abades sobre sus monjes, que tienen que obedecerles; y a veces se toma esta palabra potestas por ligamiento de reverencia, y de sujeción y de castigamiento que debe tener el padre sobre su hijo y de esta postrimera manera hablan las leyes de este título.

Título 19. Como deben los padres criar a sus hijos y otrosí de como los hijos deben pensar en los padres cuando les fuere menester

Piedad y deudo natural debe mover a los padres para criar a sus hijos, dándoles y haciéndoles lo que les es menester según su poder; y esto se deben mover a hacer por deudo de naturaleza, pues si las bestias, que no tienen razonable entendimiento, aman naturalmente criar sus hijos, mucho más lo deben hacer los hombres, que tienen entendimiento y sentido sobre todas las otras cosas: Y otrosí los hijos obligados están naturalmente a amar y a temer a sus padres, y hacerles honra y servicio y ayuda en todas aquellas maneras que lo pudieren hacer.

Ley 1

Crianza es uno de los mayores beneficios que un hombre puede hacer a otro, lo que todo hombre se mueve a hacer con gran amor que tienen a aquel que cría, bien sea hijo u otro hombre extraño. Y esta crianza tiene muy gran fuerza, y señaladamente aquella que hace el padre al hijo, y comoquiera que le ama naturalmente porque le engendró, mucho más le crece el amor por razón de la crianza que hizo en él. Otrosí el hijo está más obligado a amar y a obedecer al padre, porque él mismo quiso llevar el afán de criarle antes que darle a otro.

Ley 2

Claras razones y manifiestas son por las que los padres y las madres están obligadas a criar sus hijos: la una es movimiento natural por el que se mueven todas las cosas del mundo a criar y a guardar lo que nace de ellas; la otra es por razón del amor que tienen con ellos naturalmente; la tercera es porque todos los derechos temporales y espirituales se acuerdan en ellos. Y la manera en que deben criar los padres a sus hijos y darles lo que les fuere menester, aunque no quieran, es esta: que les deben dar que coman y que beban, y que vistan y que calcen y lugar donde moren y todas las otras cosas que les fueren menester, sin las cuales los hombres no pueden vivir, y esto debe cada uno hacer según la riqueza y el poder que hubiere, considerando siempre la persona de aquel que lo debe recibir, y en qué manera lo deben esto hacer.

Título 20. De los criados que un hombre cría en su casa, aunque no sean sus hijos

Ley 1

Qué cosa es crianza dijimos antes, y hay dos maneras de ella: la primera es criar alguna cosa de lo que no es y esta pertenece a Dios tan solamente, la segunda es criar de alguna cosa otra; y esta pueden hacer los hombres por el saber y el poder que les viene de Dios. Y a esto hacer se mueven los hombres por alguna de estas tres razones: la primera por deudo de naturaleza, y esta es la que hacen los padres a los hijos; la segunda, por bondad y por mesura, así como en criar un hombre al hijo de otro hombre extraño con quien no tiene parentesco, la tercera es por piedad, criar hijo desamparado o echado.

Ley 2

Criado tomó este nombre de una palabra que dicen en latín creare; que quiere tanto decir como criar y enderezar la cosa pequeña, de manera que venga a tal estado por el que pueda protegerse por sí. Y según dijeron los sabios antiguos diferencia hay entre nudrimiento y crianza, pues crianza es cuando alguno hace pensar de otro que cría dándole de lo suyo todas las cosas que le fueren menester para vivir teniéndole en su casa y en su compañía y nudrimiento es enseñanza que hacen los ayos a los que tienen en su guarda y los maestros a los discípulos a quienes muestran su ciencia o su menester, enseñándoles buenas maneras y avisándoles de los yerros que hacen. Y por razón de tal educación suelen los que son así enseñados pensionar a los ayos y a los maestros, dándoles lo que necesitan, así como hacen los grandes señores y los otros hombres, dándoles según su poder o según la costumbre de la tierra.

Título 21. De los siervos

Ley 1

Servidumbre, es postura, o establecimiento que hicieron antiguamente las gentes, por la cual los hombres, que eran naturalmente libres, se hacían siervos y se sometían a señorío de otro contra razón de naturaleza. Y siervo tomó este nombre de una palabra que es llamada en latín servare, que quiere tanto decir en romance como guardar: Y esta guarda fue establecida por los emperadores, pues antiguamente a todos cuantos cautivaban, matábanlos, mas los emperadores tuvieron por bien y mandaron que no los matasen, mas que los guardasen y se sirvieren de ellos. Y hay tres maneras de siervos: la primera es la de los que cautivan en tiempo de guerra siendo enemigos de la fe; la segunda es de los que nacen de las siervas; la tercera es cuando alguno que es libre se deja vender. Y en esta tercera son menester cinco cosas: la una, que él mismo consienta de su grado que lo vendan, la otra que tome parte del precio, la tercera que sea sabedor que es libre, la cuarta, que aquel que lo compra crea que es siervo; la quinta, que aquel que se hace vender, que hay de veinte años arriba.

Ley 4

Malos cristianos hay algunos que dan ayuda o consejo a los moros que son enemigos de la fe, así como cuando les dan o les venden armas de fuste o hierro, o galeas o naves hechas, o madera para hacerlas; y otrosí los que guían y gobiernan los navíos de ellos para hacer mal a los cristianos; y otrosí los que les dan o les venden madera para hacer algarradas u otros ingenios. Y porque estos hacen gran enemigo, tuvo por bien la iglesia que cualesquiera que cogiesen a alguien de los que estas cosas hicieren, que los metiesen en servidumbre y los vendiesen si quisiesen, o se sirviesen de ellos, bien así como de sus siervos.

Ley 6

Completo poder tiene el señor sobre su siervo para hacer de él lo que quisiere, pero con todo esto no lo debe matar ni estemar, aunque lo hiciese por qué, a menos de mandamiento del juez del lugar, ni le debe herir de manera que sea contra razón de naturaleza, ni matarle de hambre, fuera de si lo hallase con su mujer o con su hija, o haciendo otro yerro semejante de estos, y entonces bien lo podría matar.

Ley 8

Judío ni moro ni hereje ni otro ninguno que no sea de nuestra ley puede tener cristiano por siervo; y cualquiera de ellos que contra esto hiciese, teniendo a sabiendas cristiano por siervo, debe morir por ello, y perder todo cuanto que hubiere y ser del rey. Otrosí decimos que cualquiera de estos sobredichos que hubiere siervo que no fuese de nuestra ley, si aquel siervo se tornase cristiano, que se hace por ello libre luego que se hace bautizar y recibe nuestra fe, y no está obligado a dar por sí ninguna cosa a aquel cuyo era antes que se tornase cristiano.

Título 22. De la libertad

Aman y codician naturalmente todas las criaturas del mundo la libertad, cuanto más los hombres que tienen entendimiento sobre todas las otras, y mayormente aquellos que son de noble corazón.

Ley 1

Libertad es poder que tiene todo hombre naturalmente de hacer lo que quiere, solo que fuerza o derecho de ley o de fuero no se lo impida. Y puede dar esta libertad el señor a su siervo en la iglesia o fuera de ella, y delante del juez o en otra parte o en testamento o sin testamento o por carta. Pero esto debe hacer por sí mismo y no por otro personero, fuera de sí lo mandase hacer a alguno de los que descienden o suben por la línea directa de él mismo.

Ley 6

Siervo de alguno, si se hace clérigo o recibe órdenes sagradas, sabiéndolo su señor y consintiéndolo, decimos que es libre por ello. Y si el siervo se hace clérigo no sabiéndolo su señor, puédelo demandar desde que lo supiere hasta un año y tornarle en servidumbre, aunque hubiese recibido orden de subdiaconado o de allí para abajo. Otrosí decimos que habiendo el siervo recibido orden de misacantano, que no le podría demandar el señor para tornarle en servidumbre; pero quedaría con la obligación de dar por sí a su señor tanto precio cuanto él podría valer antes de que fuese ordenado, otro siervo que valga tanto como él, eso mismo decimos que está obligado a hacer si recibiese orden de diácono.

Ley 7

Andando siervo de alguno por sí diez años, habiendo buena fue y cuidando que era libre, en aquella tierra donde morase su señor, o veinte en otra tierra, aunque no lo viese su señor, hácese libre por ellos, pero si no hubiese buena fe y sabiendo que era siervo anduviese huido veinte años, no sería por ello libre, antes si lo hallare su señor, le puede tornar en servidumbre.

Título 25. De los vasallos

Ley 1

Señor es llamado propiamente aquel que tiene mandamiento y poderío sobre todos aquellos que viven en su tierra, y a este tal deben todos llamar señor, tanto en sus naturales como los otros que vienen a él o a su tierra. Otrosí es dicho señor todo hombre que tiene poderío de armar o de criar por nobleza de su linaje, y a este tal no le deben llamar señor, sino aquellos que son sus vasallos y reciben beneficio de él. Y vasallos son aquellos que reciben honra y beneficio de los señores, así como caballería, o tierra o dineros por servicio señalado que les hayan de hacer.

Ley 2

De señorío y de vasallaje hay cinco maneras; la primera y la mayor es aquella que tiene el rey sobre todos los de su señorío, a la que llaman en latín merum imperium, que quiere tanto decir en romance como puro y esmerado mandamiento de juzgar y mandar a los de su tierra; la segunda es la que tienen los señores sobre sus vasallos por razón de beneficio o de honra que de ellos reciben; la tercera es la que los señores tienen sobre sus solariegos, o por razón de behetría o de divisa, según fuero de Castilla; la cuarta es la que tienen los padres sobre sus hijos; la quinta es la que tienen los señores sobre sus siervos.

Ley 3

Divisa y solariegos y behetría son tres maneras de señorío que tienen los hijosdalgo en algunos lugares según fuero de Castilla. Y divisa tanto quiere decir como heredad que viene al hombre de parte de su padre o de su madre o de sus abuelos o de los otros de quienes desciende, que es repartida entre ellos y saben ciertamente cuánto son y cuáles los parientes a quienes pertenece. Y solariego tanto quiere decir como hombre que es poblado en suelo de otro; y este tal puede salir cuando quisiere de la heredad con todas las cosas muebles que allí hubiere, mas no puede enajenar aquel solar ni demandar la mejoría que allí hubiere hecho, mas debe quedar al señor cuyo es, y behetría tanto quiere decir como heredamiento que es suyo quito de aquel que vive en él, y puede recibir en él por señor a quien quisiere, que mejor le haga: y todos los que fueren enseñorados en la behetría pueden allí tomar comida cada vez que quisieren, mas son obligados de pagarlo a los nueve días, y cualquier de ellos que hasta nueve días no lo pagase, débelo pagar doblado a aquel a quien lo tomó; y queda obligado a pagar al rey el coto, que es por cada cosa que tomó cuarenta maravedís. Y de todo pecho que los hijodalgo llevaren de la behetría debe el rey haber la mitad, y behetría no se puede hacer nuevamente sin otorgamiento del rey.

Ley 4

Vasallo se puede hacer un hombre de otro según la antigua costumbre de España en esta manera: otorgándose por vasallo de aquel que lo recibe, y besándole la mano por reconocimiento de señorío, y aún hay otra manera que se hace por homenaje, que es más grave, porque por ella no se torna hombre tan solamente vasallo del otro, mas queda obligado a cumplir lo que se le promete como por postura. Y homenaje tanto quiere decir como tornarse hombre de otro, y hacerse como suyo para darle seguridad sobre la cosa que promete dar o hacer que la cumpla; y este hombre no tan solamente tiene lugar en pleito de vasallaje, mas en todos los otros pleitos y posturas que los hombres ponen entre sí con intención de cumplirlas.

Ley 6

Deudos muy grandes son los que tienen los vasallos con sus señores, pues débenlos amar y honrar y guardar y adelantar en su provecho, y desviarles su daño en todas las maneras que pudieren; y débenlos servir bien y lealmente por el beneficio que de ellos reciben. Otrosí decimos que el señor debe amar y honrar y guardar sus vasallos, y hacerles bien y merced, y desviarlos de daño y de deshonra; y cuando estos deudos son bien guardados, hace cada uno lo que debe, y crece y dura el amor verdadero entre ellos.

Ley 10

Ricoshombres, según costumbre de España, son llamados aquellos que en las otras tierras dicen condes o barones, y a estos tales pueden echar los reyes de la tierra por una de estas tres razones: la primera es cuando quiere tomar venganza por malquerencia que tenga contra ellos; la segunda, por malfetrías que hayan hecho en la tierra; la tercera, por razón de yerro en que haya traición o alevosía. Y cuando acaeciese que el rey hubiese de echar al ricohombre de su tierra por malquerencia, entonces aquel que quiere echar, débele pedir merced apartadamente y en secreto, que no lo haga, de manera que no allí esté otro ninguno, sino ellos dos solos; y si no se lo quisiere caber, débele pedir merced la segunda vez ante uno o ante dos de los de la compañía del rey; y se acaeciere que no se lo quisiere otorgar, puédele pedir merced la tercera vez por corte y si entonces no le quisiera perdonar, y la mandare que salga de la tierra, por tal razón como esta, puédenlo seguir sus vasallos y salir de la tierra con él, pero débele el rey dar plazo de treinta días para que salga de su tierra; y en aquellos treinta días débele otorgar que le vendan vianda por aquellos lugares por donde saliere. Pero antes que se cumplan los treinta días, debe el ricohombre salir de la tierra, y desde que fuere salido, puédele hacer guerra, si quisiere, para ganar viva, y esto puede hacer por dos razones: la una porque le echó no queriéndole decir la razón por la que lo hacía, la otra, porque pueda tener vida de aquella tierra de donde es natural. Mas en tal guerra como esta no le debe hurtar, ni entrar por la fuerza villa ni castillo, ni quemarla; sin embargo, si el rey le hubiese desheredado a él de alguna cosa, bien podría entonces entrar villa o castillo u otra heredad que fuese del rey, que pudiese tanto valer como aquello de lo que le desheredó, y tenerlo como por entrega hasta que el rey le torne lo que le tomó, mas no lo puede vender ni enajenar en ninguna manera, y no debe tomar por razón de tal entrega villa ni castillo ni otra fortaleza que él mismo antes hubiese tenido o alguno de sus vasallos. Y por tal echamiento como este ni por tal guerra no debe el rey hacer mal ni daño a su mujer ni a los hijos del ricohombre, ni a las mujeres ni a los hijos de sus vasallos que le siguieren, y otrosí los vasallos, aunque ayuden a guerrear a su señor, la parte que a ellos cupiere no la deben despender ni malmeter, más débenla dar al rey. Y no tan solamente pueden salir con el ricohombre por tal echamiento como este sus vasallos y sus naturales, mas aun sus criados y los otros hombres de su compañía por razón de bienfecho que reciben de él, mas estos tales, comoquiera que le puedan ayudar o amparar su cuerpo de heridas y de muerte, no deben hacer guerra al rey.

Título 26. De los feudos

Ley 1

Feudo es beneficio que da el señor a algún hombre porque se torna su vasallo, y le hace homenaje de serle leal, y tomó este nombre de la fe que debe siempre guardar el vasallo al señor. Y hay dos maneras de feudo: la una es cuando es otorgado sobre villa o castillo u otra cosa que sea raíz, y este feudo tal no puede ser tomado al vasallo, a no ser que no cumpliese los acuerdos que hizo con el señor; o si le hiciese algún yerro tal porque lo debiese perder; la otra manera es la que dicen feudo de cámara, y este se hace cuando el rey impone maravedís a algún vasallo cada año de su cámara, y este feudo tal puede el rey quitar siempre que quisiere.

Título 27 Del deudo que tienen los hombres entre sí por razón de amistad

Amistad es cosa que junta los corazones de los hombres para amarse mucho, pues según dijeron los sabios antiguos, y es verdad, amor pasa todos los deudos.

Ley 1

Amicitia en latín tanto quiere decir en romance como amistad, y amistad, según dijo Aristóteles, es una virtud que es muy buena en sí y provechosa a la vida de los hombres; y tiene lugar propiamente cuando aquel que ama es amado del otro a quien ama, pues de otra manera no sería amistad verdadera; y por ello dijo que diferencia grande hay entre amistad y amor y bienquerencia y concordia, pues puede un hombre tener amor a la cosa y no tener amistad con ella, así como pasa con los enamorados, que aman a veces a mujeres que los quieren mal. Y por eso dijeron los sabios antiguos que el amor vence todas las cosas, y no tan solamente hace amar al hombre a las cosas que le aman, mas aun a las que le desaman. Otrosí tienen amor los hombres a las piedras preciosas y a otras cosas que no tienen almas ni entendimiento para amar a aquellos que las aman; y así se prueba que no es una cosa amistad y amor, porque amor puede venir de una parte tan solamente, mas la amistad conviene en todas maneras que venga de ambos a dos. Y bienquerencia propiamente es buena voluntad que nace en el corazón del hombre luego que oye decir alguna bondad de un hombre o de otra cosa que no ve o con quien no tiene gran relación, queriéndole bien señaladamente por aquella bondad que oye de él, no sabiéndolo a quien a quien quiere bien. Y concordia es una virtud que es semejante a las amistad; y por ella se esforzaron todos los sabios y los grandes señores que hicieron los libros de las leyes para que los hombres viviesen acordadamente, y concordia puede ser entre muchos hombres, aunque no tengan entre sí amistad ni amor; mas los que tienen amistad juntamente por fuerza conviene que tengan entre sí concordia. Y por ello dijo Aristóteles que si los hombres hubiesen entre sí verdadera amistad, no habrían menester justicia ni alcaldes que los juzgasen porque la amistad les haría cumplir y guardar aquello mismo que quiere y manda la justicia.

Ley 2

Provecho grande y bien viene a los hombres de la amistad, de manera que, según dijo Aristóteles, ningún que tenga bondad en sí no quiere vivir en este mundo sin amigos, aunque tuviese en abundancia todos los otros bienes que en él hay, y cuanto los hombres son más honrados y más poderosos y más ricos, tanto más necesitan los amigos. Y esto por dos razones: la primera es porque ellos no podrían hacer ningún provecho de las riquezas si no usasen de ellas, y tal uso debe ser en hacer bien; y el beneficio debe ser dado a los amigos; y por ello, los que amigos no tienen no pueden usar bien de las riquezas que hubieren, aunque las tengan en abundancia. La segunda razón es porque los amigos se guardan, y se acrecientan las riquezas y las honras que los hombres tienen; y de otra manera sin amigos no podrían durar, porque cuanto más honrado y más poderoso es un hombre, peor falta recibe si le falta ayuda de amigos. Y aun dijo el mismo que los otros hombres que no son ricos ni poderosos han de menester en todas maneras ayuda de amigos. Y aun dijo el mismo que los otros hombres que no son ricos ni poderosos han de menester en todas maneras ayuda de amigos que los socorran en su pobreza y los libren de los peligros que les acaecieren. Y sobre todo dijo que en cualquier edad que sea el hombre necesita ayuda de amigos, pues si fuere niño ha menester amigo que lo críe y le guarde que no haga ni aprenda cosa que le esté mal; y si fuere mancebo mejor entenderá y hará todas las cosas que hubiere de hacer con ayuda de su amigo que solo, y si fuere viejo se ayudará de sus amigos en las cosas de que fuere menguado o que no pudiere hacer por sí por los impedimentos que le vienen con la vejez.

Ley 6

Verdaderamente y sin engaño ninguno debe el hombre amar a su amigo, pero en la cantidad del amor hay diferencias entre los sabios, pues los unos dijeron que un hombre debe amar a su amigo cuanto el otro ama a él, y sobre esto dijo Cicerón que esto no era amistad con bienquerencia, mas era como trato de mercaderes. Y otrosí los hubo que dijeron que debe un hombre amar a su amigo cuanto él se ama, y estos otrosí no dijeron bien, porque puede ser que el amigo no sabe amar, o no quiere o no puede, y por ellos no sería cumplida tal amistad que de esta manera tuviese un hombre con su amigo. Y otros sabios dijeron que debe este hombre amar a su amigo tanto como a sí mismo. Y comoquiera que estos dijeron bien, con todo dijo Cicerón que mejor lo pudieran decir, pues muchas cosas tiene un hombre que hacer por su amigo que no las haría por sí mismo, y por ello dijo que un hombre ha de amar a su amigo tanto cuanto él debía amarse a sí mismo. Y porque en este tiempo se hallan pocos los que así quieran amar, por ello son pocos los amigos que tengan en sí cumplida amistad. Pero comoquiera que un hombre se debe atrever en la amistad de su amigo, con todo eso no le debe rogar que yerre o haga cosa que esté mal, y aunque lo hiciese tal ruego ahincadamente, no se lo debe el otro caber, porque si cayese en pena o en mala fama por ello no le cabrían la excusación, aunque diga que lo hizo por su amigo. Pero con todo eso bien debe un hombre poner su persona o su haber en peligro de muerte o de pérdida por amparar a su amigo y de lo suyo; cuando menester le fuere. Y con esto concuerda lo que se halla escrito en las historias antiguas de dos amigos, que hubo nombre el uno Orestes y el otro Pílades, que los tenía presos un rey por maldad de que eran acusados; y siendo Orestes juzgado a muerte y el otro dado por libre, cuando enviaron por Orestes para hacer justicia de él y le llamaron que saliese fuera del lugar donde le tenían preso, respondió Pílares, sabiendo que querían matar al otro, que él era Orestes, y respondió Orestes que no decía verdad, que él mismo era; y cuando el rey oyó la lealtad de estos dos amigos, como se ofrecían cada uno a la muerte porque se salvase el otro, librólos a ambos y rogóles que le recibieran por el tercer amigo de entre ellos.

Partida quinta

Título 1. De los préstamos

Ley 1

Emprestar es una manera de gracia que hacen los hombres entre sí prestando los unos a los otros lo suyo cuando lo necesiten; y nace muy gran provecho de ello, pues se ayuda un hombre de las cosas ajenas como de las suyas, y nace y crece entre los hombres a veces amor por esta razón. Y hay dos maneras de préstamo, y la una es más natural que la otra; y esta es tal como cuando prestan los hombres unos a otros algunas de las cosas que están acostumbrados a contar o a pesar o a medir; y tal préstamo como este es llamado en latín mutuum, que quiere tanto decir en romance como cosa prestada que se hace suya de aquel a quien la prestan; y pasa el señorío de cada una de estas cosas sobredichas a aquel a quien es dada por préstamo y luego lo devuelve. Y la otra manera de préstamo es de cualquiera de las otras cosas que no son de tal naturaleza como estas, así como caballo u otra bestia, o libro y otras cosas semejantes; y a tal préstamo como este dicen en latín commodatum, que quiere tanto decir como cosa que presta un hombre a otro para usar y aprovecharse de ella, mas no para ganar el señorío de la cosa prestada.

Título 3. De los condesijos, a los que en latín dicen depositum

Ley 1

Condesijo, al que llaman en latín depositum, es cuando un hombre da a otro sus cosas en guarda fiándose en él, y tomó este nombre de depono, que quiere tanto decir como poner de mano en guarda de otro lo que quiere condensar. Y hay tres maneras de condesijo: la primera es cuando alguno de su voluntad, sin otra cuita que le acaezca, da en guarda sus cosas a otro. La segunda es cuando alguno lo ha de hacer en tiempo de cuita, y esto sería como si se quemase o se cayese la casa a alguno en la que tuviese lo suyo, o se quebrantase la nave en que lo llevase, y acaeciendo a alguno esta cuita diese a guardar a otro en aquella sazón algunas cosas que tuviese allí para apartarlas de aquel peligro. La tercera es cuando algunos hombres contienden en razón de alguna cosa y la meten en mano del fiel, encomendándosela hasta que la contienda sea librada por juicio.

Título 4. De las donaciones

Ley 1

Donación es beneficio que nace de nobleza y de bondad de corazón cuando es hecha sin ningún premio; y todo hombre libre que es mayor de veinticinco años puede dar lo suyo o parte de ello a quien quisiere, aunque no lo conozca, solamente que no sea aquel a quien lo da de aquellos a quienes prohiben las leyes de nuestro libro. Pero si el que hace la donación es loco o desmemoriado o gastador de sus bienes, de manera que les es prohibido por el juez del lugar que use de ellos, no valdría la donación que ninguno de estos hiciese, aunque valdría la que hiciesen a ellos.

Ley 2

Siendo sabido que algún hombre procurase muerte del rey o lesión de su cuerpo o pérdida de su reino o de alguna partida de él, no puede hacer donación de lo suyo ni de alguna partida de ello desde el día en que se movió a hacer o a aconsejar esta maldad, si la hiciere, no vale. Otro tal decimos que sería de los que trabajan por la muerte o lesión de aquellos a los que el rey hubiese escogido señaladamente por sus consejeros honrados, Y aun decimos que si algún hombre es juzgado por hereje por juicio de la santa iglesia, la donación que hiciese después no valdría en ninguna manera. Mas si alguno fuese acusado de otro yerro, aunque fuese tal que, siéndole probado, debe morir por ello o ser desterrado para siempre, decimos que la donación que hiciese desde el día en que fuese acusado hasta el día en que diesen la sentencia contra él, que valdría, aunque la que fuese hecha después de la sentencia no sería valedera. Otrosí decimos que si hiciese la donación antes que hubiese hecho el yerro, que aunque lo acusasen después y diesen juicio contra él, que valdría la donación.

Título 5. De las ventas y de las compras

Ley 1

Véndida es una manera de pleito que los hombres usan entre sí mucho, y hácese con consentimiento de ambas partes por precio cierto, en que se avienen el comprador y el vendedor.

Ley 2

Aquellos hombres decimos que pueden comprar y vender, que son tales que se pueden obligar cada uno de ellos el uno al otro; y por ello lo que vendiese el padre al hijo que tiene en su poder, o el hijo al padre, no valdría porque no pueden hacer obligación entre sí, pues aunque sean dos personas según naturaleza, según derecho son contados como una. Mas si el hijo hubiese ganado cosa de aquellas ganancias que son llamadas castrense vel quasi castrense, de tales cosas como estas, bien podría hacer venta a su padre

Título 6. De los cambios

Ley 1

Cambio es dar y otorgar una cosa señalada por otra; y puédese hacer el cambio de tres maneras: la primera es cuando se hace con placer de ambas partes, y con otorgamiento y promesa de cumplirla. Y eso sería diciendo el uno al otro: «Pláceme de cambiar conmigo tal cosa vuestra por tal mía», nombrando cada una de ellas señaladamente; debe el otro decir: «Pláceme, y otórgolo y prometo cumplirlo». La otra manera es cuando lo hacen por palabras simples, no otorgándolo ni prometiendo cumplirlo, mas diciendo así: «Quiero cambiar tal cosa con vos»; y el otro responde que le place; por tales palabras o por otras semejantes de ellas se hace el cambio, aunque las cosas que cambian no estén presentes ni pasadas a poder de ninguna de las partes. La tercera manera es cuando se hace el cambio por palabra, cumpliéndolo después de hecho ambos a dos o la una de las partes tan solamente; y en tal cambio como este son suficientes cualesquiera palabras que digan, solamente que sea hecho con placer de ambas las partes, y reciba el uno de ellos la cosa por la que cambia la que era suya.

Título 7. De los mercaderes y de las ferias y de los mercados en que se compran y venden las mercadurías y del diezmo y del portazgo que han de dar por razón de ellas

Ley 1

Propiamente son llamados mercaderes todos aquellos que compran las cosas con intención de venderlas a otro por ganar en ellas; y lo que han de hacer y guardar es esto: que usen de su menester lealmente, no mezclando ni envolviendo en aquellas cosas que han de vender otras, para que se falseasen ni se empeorasen. Otrosí deben guardar que no vendan a sabiendas una cosa por otra, y que usen de peso y de medida derecha, según fuere costumbre en aquella tierra o en aquel reino donde mercaren. Y cuando llevaren sus mercadurías de un lugar a otro deben ir por los caminos usados, y dar sus derechos donde los hubieren de dar; y si contra esto hicieren caerían en las penas que dicen las leyes de este título.

Ley 2

Cotos y posturas ponen los mercaderes entre sí haciendo jurar y cofradías juntamente para que se ayuden unos a otros, poniendo precio cierto por cuánto darán la vara de cada paño, y por cuánto darán otrosí el peso y la medida de cada una de las otras cosas, y no menos. Otrosí los menestrales ponen coto entre sí por cuántos precio den cada una de las cosas que hacen en sus menesteres; otrosí hacen postura que otro ninguno no labre en sus menesteres sino aquellos que ellos recibieren en sus compañías y aun aquellos que así fueren recibidos, que no acabe el uno lo que el otro hubiese comenzado; y aun ponen coto en otra manera; que no muestren sus menestrales a otros ningunos sino a aquellos que descendieren de sus linajes de ellos mismos. Y porque se siguen muchos males de ello, prohibimos que tales cofradías y posturas y cotos como estos sobredichos ni otros semejantes de ellos no sean puestos sin conocimiento y con otorgamiento del rey; y si los pusieren, que no valgan, y todos cuantos de aquí adelante los pusieren, pierdan lo que tuvieren, y sea del rey y aún, además de esto, sean echados de tierra para siempre. Otrosí decimos que los jueces principales de la villa, si consintieren en que tales cotos sean puestos, o si desde que fueren puestos nos los hicieren deshacer si lo supieren, o no enviaren decir al rey que los deshaga, que deben pagar al rey cincuenta libras de oro.

Ley 3

Ferias y mercados en que suelen los hombres hacer ventas y compras y cambios no las deben hacer en otros lugares sino en aquellos en que antiguamente las acostumbraron a hacer, fuera de si el rey otorgase por su privilegio poder a algunos lugares de que son hechas nuevamente, que no deben hacer los señores del lugar donde se hacen las ferias apremio ninguno a los mercaderes que a ellas vinieren, demandándoles algún tributo de las cosas que trajeren por razón de la feria ni de otra manera, sino quellas que les otorga el privilegio por el que les fue otorgada la feria.

Ley 4

Las tierras y los lugares que en suelen los mercaderes llevar sus mercadurías son por ello más ricos y más abundantes y mejor poblados; y por esta razón debe mucho placer a todos con ellos. Por esto mandamos que todos los que vinieren a las ferias de nuestros reinos, tanto cristianos, como moros, como judíos y otrosí los que vinieren en otra sazón cualquiera a nuestro señorío, aunque no vengan a ferias, que sean salvos y seguros sus cuerpos y sus haberes y sus mercadurías y todas sus cosas, tanto en mar como en tierra, viniendo a nuestro señorío, y estando en él, y yéndose de nuestra tierra; prohibimos que ninguno no sea osado de hacerles fuerza, ni daño o mal ninguno. Y si por ventura alguno hiciese contra esto robando a alguno de ellos lo que trajese o tomándoselo por fuerza, si el robo o la fuerza pudiere ser probada por pruebas o por señales ciertas, aunque el mercader no probase cuáles eran las cosas que le robaron ni cuántas, el juez de aquel lugar donde acaeciere el robo debe recibir declaración jurada considerando primeramente qué hombre es, y qué mercadurías suele traer. Y esto visto, apreciada la cuantía de las cosas sobre las que él da la jura, débele hacer entregar de los bienes de los robadores todo cuanto jurare que le robaron, con los daños y los menoscabos que le vinieron por razón de aquella fuerza que le hicieren, haciendo de los robadores aquella justicia que el derecho manda. Y si los robadores no pudieren ser hallados, ni los bienes de ellos no cumplieren para hacer la enmienda, el concejo o el señor bajo cuyo señorío es el lugar donde fue hecho el robo, lo debe pagar de lo suyo.

Título 8. De los alquileres y de los arrendamientos

Alquilar y vender son dos maneras de pleitos que usan los hombres de comúnmente, y aunque algunos cuidan que son de una manera, sin embargo hay diferencias entre ellos.

Ley 1

Loguero propiamente es cuando un hombre alquila a otro obras que ha de hacer por su persona, y otorgar un hombre a otro poder de usar su cosa y de servirse de ella por cierto precio que le ha de pagar en dineros contados, pues si otra cosa recibiese que no fuese dineros contados, no sería alquiler, más sería contrato innominato. Y arrendamiento, según el lenguaje de España, es arrendar herencia o almojarifazgo o alguna otra cosa por renta cierta que den pie por ello. Y aun hay otra manera a la que dicen afretamiento, que pertenece tan solamente a los alquileres de los navíos.

Ley 3

Obras que un hombre haga con sus manos, y bestias y naves para traer mercadurías o para aprovecharse del uso de ellas, y todas las otras cosas que un hombre suele alquilar, pueden ser alquiladas o arrendadas. Otrosí el usufructo de heredad o de vida o de otra cosa semejante puede un hombre arrendar prometiendo dar cada año cierto precio por ella; pero si aquel que arrienda usufructo de esta manera se muriese, no debe pasar el derecho de usar de tal arrendamiento al heredero de aquel que lo había arrendado; antes decimos que se devuelvan al señor de la cosa, y el arrendamiento del usufructo es de tal naturaleza que se acaba en la muerte del que lo tenía arrendado.

Ley 10

Fingen los hombres a veces mostrarse por sabios en cosas de las que no lo son, de manera que se sigue por ellos daño a los que no los conocen y los creen; y por ello decimos que si algún hombre recibiere de alguna piedra preciosa para engastarla en sortija o en otra cosa por precio cierto, y la quebrantase engastándola por no ser sabedor de hacerlo o por otra culpa suya, que debe pagar la estimación de ella a bien vista de hombres buenos y conocedores de estas cosas. Y esto que dijimos de los orfebres se entiende también de los otros menestrales, y de los físicos y de los cirujanos y de los albéitares y de todos los otros que reciben precio por hacer alguna obra o por medicinar alguna cosa, si errasen en ella por su culpa o por falta de saber.

Ley 11

Reciben los maestros salario de sus escolares por enseñarles las ciencias y otrosí los menestrales de sus aprendices para mostrarles sus menesteres; por lo que cada uno de ellos está obligado a enseñar lealmente y castigar con mesura a aquellos que reciben para esto, pero este castigo debe ser hecho mesuradamente y con recaudo, de manera que ninguno de ellos no quede lisiado ni ocasionado por las heridas que le diere su maestro. Y por eso decimos que si alguno contra esto hiciese y diese herida a aquel a quien enseñase de la que muriese o quedase lisiado, si fuere libre el que recibiere el daño, debe el maestro hacer enmienda de tal yerro como esté a bien vista del juez y de hombres buenos; y si fuere siervo, debe hacer enmienda a su señor pagándole la estimación de lo que valiese si muriese y quedando lisiado, débele pagar cuánto le hallaren en verdad que vale menos por ello con los daños que recibió por razón de aquella herida.

Ley 15

Pastores y los otros que guardan los ganados, si reciben soldada de los señores de ellos por guardarlos, decimos que deben ser acuciosos, y deben trabajar cuanto pudieren por guardarlos bien y lealmente, de manera que no se pierdan ni reciban daño de ninguna cosa por falta de lo que ellos deben hacer; y débenles procurar lugares convenientes y conocer donde supieren que están los buenos pasos y las buenas aguas por donde los traigan según conviene a las sazones del año, tales en los que pueden estorcer sin peligro del frío, ni de las nieves del invierno, ni de los calores del verano. Y los que contra esto hicieren no poniendo tal guarda como es sobredicho en cuanto pudieren y supieren, están obligados a pagar cada uno de ellos al dueño del ganado todo el daño y el menoscabo que le aviniere por su culpa.

Título 9. De los navíos y del naufragio de ellos

Navíos de muchas maneras fletan los mercaderes para llevar sus mercadurías de un lugar a otro, y porque a veces por tormenta de mar o por otra ocasión se quebrantan o se pierden y después nacen contiendas entre los mercaderes y los maestros y los marineros en razón del naufragio, queremos aquí decir de los navíos que después son fletados, peligran sobre el mar; y mostraremos qué cosas están obligados a guardar y a hacer los maestros de las naves y los marineros a los mercaderes que se fían en ellos.

Ley 1

Nocheres y maestros y patrones son los hombres principales por cuyo mandato se han de guiar los navíos; y a estos pertenece señaladamente mirar antes de que los navíos entren en la mar, si son calafateados y bien adobados y bien guarnecidos con todos los aparejos que les son menester, así como de velas y de mástiles y de antenas y de anclas y de remos y de cuerdas y de todas las otras cosas que pertenecen a los navíos, según que conviene y necesitan cada uno de ellos. Y aún además de esto, deben llevar consigo tales hombres que sean sabedores para ayudarlos a guiar y a enderezar y a gobernar los navíos, de manera que si no se lo impidiese tempestad o tormenta de la mar, que puedan ir enderezadamente a aquellos puertos lo lugares donde tienen voluntad de ir; y que por culpa de los que han de gobernar y de guiar los navíos, no caigan en peligro los mercaderes ni los otros hombres que los fletaron, de perderse ellos ni sus cosas. Otrosí decimos que deben llevar consigo un escribano que sepa bien escribir y leer, y este tal debe escribir en un cuaderno todas las cosas que cada uno metiere en los navíos, cuántas son y de qué naturaleza; y este cuaderno tal tienen gran fuerza sobre todas las cosas que son escritas en él, que debe ser creído tanto como carta u otra escritura que fuese hecha por mano de escribano público. Otrosí están obligados a abastecer los navíos de armas y de bizcocho y de agua dulce y de las otras cosas que hubieren menester para su vianda ellos y sus marineros; y deben apercibir a los mercaderes y a los otros hombres que tuvieren que llevar en los navíos que hagan eso mismo, de manera que lleven agua y vianda la que les fuere menester, y aun armas aquellos que las pudieren tener, por defenderse de los corsarios y de los otros enemigos, si menester fuere.

Título 10. De las compañías que hacen los mercaderes y los otros hombres unos con otros por razón de ganancia

Compañías hacen los mercaderes y los otros hombres entre sí para poder ganar algo más ligero, juntando su haber en uno; y porque acaece a veces que en la compañía son algunos recibidos por compañeros porque son sabedores y entendidos en comprar y vender, aunque no tengan riquezas con que lo hagan, y otrosí algunos que las tienen son faltos de la sabiduría de este menester; y aun hay otros que, aunque tienen las riquezas y la sabiduría no quieren trabajar en ello por sí mismos.

Ley 1
Compañía es juntamiento de dos hombres o de más, que es hecha con intención de ganar reunidos juntándose los unos con los otros; y nace de ello gran provecho cuando se hace entre hombres buenos y leales, y se ayudan y se socorren los unos a los otros, bien así como si fuesen hermanos. Y hácese la compañía con consentimiento y con otorgamiento de los que quieren ser compañeros y puédese hacer hasta tiempo cierto o por en toda su vida de los compañeros.

Ley 2
Hacerse puede la compañía sobre las cosas convenientes y derechas, así como en comprar y en vender, y cambiar y arrendar y alquilar y en las otras

cosas semejantes de estas en que pueden los hombres ganar derechamente. Mas sobre cosas inconvenientes no la pueden hacer ni debe, así como para hurtar o robar o matar o dar logro, ni sobre otra cosa ninguna semejante de estas que fuese mala o inconveniente o contra buenas costumbres. Y la compañía que fuese hecha sobre tales cosas no debe valer, ni puede demandar ninguna cosa uno a otro por razón de tal compañía.

Título 11. De las promesas y de los otros pleitos y posturas que hacen los hombres unos con otros

Ley 1

Promisión es otorgamiento que hacen los hombres unos a otros por palabras con intención de obligarse, aviniéndose sobre alguna cosa cierta que deban dar o hacer unos a otros; y tiene muy gran provecho a las gentes cuando se hace derechamente y con razón; y asegúranse los hombres los unos con los otros en lo que prometen, y se obligan a guardarlo; y hácese de esta manera, estando presentes ambos los que quieren hacer el pleito de la promesa, diciendo el uno al otro: «Prometedme dar o hacer tal cosa», diciéndola señaladamente y el otro respondiendo que sí promete o que otorga cumplirlo; y respondiendo por estas palabras o por otras semejantes de ellas, quede por ello obligado, y tiene que cumplir lo que otorga o promete dar o hacer, aunque los que hacen tal pleito no hablen ambos un lenguaje, como si el uno hablase ladino y el otro arábigo, vale la promesa solamente que se entiendan el uno al otro sobre la pregunta y la respuesta. Eso mismo decimos que sería si fuesen dos lenguajes, aunque no se entendiesen el uno al otro; y si estando ambos presentes, firmasen el pleito entre sí y por alguna trujamanía en que se aviniesen ambos, valdría la promesa tanto como si se entendiesen los que hacen el pleito.

Título 12. De las fianzas y de las cosas que los hombres hacen por mandato de otro o de su voluntad sin mandato de los dueños de ellas

Fianzas hacen los hombres entre sí porque las promesas y los otros pleitos y las posturas que hicieren sean mejor guardadas. Queremos aquí decir de las fianzas que se hacen por razón de ellas. Y mostraremos qué quiere decir fiador, y a qué tiene provecho; y quién lo puede ser, y por quién y sobre qué cosas y en qué manera debe ser hecha la fianza; y que fuerza tiene y como se puede desatar; y después de esto diremos de todas las otras cosas que los hombres hacen unos por otros por su mandato o sin él, de que nace obligación entre ellos, que es como otra manera de fianza.

Ley 1

Fiador tanto quiere decir como hombre que da su fe y promete a otro dar o hacer alguna cosa por mandato o por ruego de aquel que lo mete en la fiadura. Y tiene gran provecho a aquel que la recibe, pues está por ello más seguro de aquello que le han de dar o hacer, porque quedan ambos obligados, tanto el fiador como el deudor principal. Y decimos que puede ser fiador todo hombre que puede hacer promesa para quedar obligado por ella; y otrosí pueden recibir fiadores todos aquellos que pueden recibir promesa.

Título 13. De los empeños que son empeñados por palabra o calladamente y de todas las otras cosas que pertenecen a esta razón

Ley 1

Peño es propiamente aquella cosa que un hombre empeña a otro apoderándolo de ella, y mayormente cuando es mueble, más según el largo entendimiento de la ley, toda cosa, bien sea mueble o raíz que es empeñada a otro, puede ser dicha peño, aunque no fuese entregado de ella aquel a quien la empeñasen. Y hay tres maneras de empeños: la una es la que los hombres hacen entre sí por su voluntad, empeñando de sus bienes unos a otros por razón de alguna cosa que deban dar o hacer. La otra es cuando los jueces mandan entregar a alguna de las partes parte de los bienes de su contendedor por mengua de respuesta o por razón de rebeldía o por juicio que es dado entre ellos o por cumplir mandamiento del rey; y tales empeños o prendas como estas se hacen como por apremio. Y estas dos maneras de empeño sobredichas se hacen por palabra. La tercera manera de empeños es la que se hace calladamente, aunque no sea allí dicha ninguna cosa, tal como se muestra adelante con los bienes del marido, como son obligados a la mujer como por empeños, por razón de la dote, y de los otros que son obligados al rey por razón de las rentas y los derechos que cogen por él, y de todas las otras razones semejantes de estas.

Ley 3

Santas cosas y sagradas y religiosas, así como la iglesia, y los monumentos y las otras cosas semejantes no las pueden los hombres recibir a empeños ni se pueden obligar, fuera de por cosas señaladas. Otrosí decimos que hombre libre no se puede empeñar, antes decimos que cualquiera que le recibiese en empeños, que debe perder todo lo que diere sobre él, y debe pagar además otro tanto de lo suyo a él o a sus parientes, si por ventura él no fuese vivo. Pero dos casos hay en que podrá un hombre libre ser recibido en empeños y quedaría obligado: el primero es si alguno estuviere en cautividad, y él mismo se empeñase a otro para librarse de cautivo; el segundo es si alguno empeñase su hijo por cuita de hambre. Otrosí decimos que hombre libre puede ser dado en rehenes por razón de paz que firmasen algunos entre sí, o por tregua o por otra seguridad semejante de estas.

Título 14. De las pagas y de los quitamientos y de los descuentos a los que dicen en latín compensatio, y de las deudas que se pagan a aquellos que no las deben haber

Pagas y quitamientos son dos cosas que por cada una de ellas se desatan las promesas y los pleitos, y las posturas y las obligaciones de las fianzas y de los empeños.

Ley 1

Paga tanto quiere decir como pagamiento que es hecho a aquel que debe recibir alguna cosa, de manera que queda pagado de ella o de lo que le debían dar o hacer. Y quitamiento es cuando hacen pleito al deudor de nunca demandarle lo que él debía, y le quitan el deudo aquellos que lo pueden hacer. Y tienen estas cosas gran provecho al deudor, porque cuando paga la deuda o le libran de ella, quedan libres él y sus fiadores, y los empeños y sus herederos, de la obligación en que eran obligados por lo que debían dar o hacer.

Título 15 De como tienen los deudores que desamparar sus bienes cuando no pueden pagar lo que deben, y de como debe ser revocado el enajenamiento que los deudores hacen maliciosamente de sus bienes

Ley 1

Desamparar puede sus bienes todo hombre que es libre que estuviere en poder de sí mismo o de otro, no teniendo con qué pagar lo que debe, y débelo desamparar delante del juez. Y este desamparo puede hacer el deudor por sí o por su personero o por carta, reconociendo las deudas que debe, o cuando fuere dada sentencia contra él y no antes, y si de otra manera los desamparase, no valdría el desamparo. Y débelos desamparar a aquellos a quienes debiere algo, diciendo como no tiene de que haga pagamiento; y entonces el juez debe tomar todos los bienes del deudor que desampara lo suyo por esta razón, sino los paños de lino que vistiere, y no le debe otra cosa ninguna dejar.

Partida sexta

Sesudamente dijeron los sabios antiguos que sobrepasan su tiempo aquellos que mientras viven hacen bien su hacienda, tomando guarda en las posturas y en los pleitos que ponen unos con otros; y mucho más mayormente tuvieron que mostraban gran seso los que a su muerte sabían ordenar y poner lo suyo en tal recaudo del que ellos recibiesen placer e hiciesen provecho a su alma, quedando después de su muerte lo suyo sin duda y sin contienda a sus herederos.

Título 1. De los testamentos

Testamento es una de las cosas del mundo en que más deben los hombres tener cordura cuando lo hacen, y esto es por dos razones: la una, porque en ellos muestran cuál es su postrimera voluntad; y la otra, porque después que los han hecho, si se mueren, no pueden otra vez tornar a enderezar ni hacerlos de cabo. Queremos decir en este título de la guarda que deben tener los hombres cuando los quisieren hacer y mostrar qué quiere decir testamento; y a qué tiene provecho; y cuántas maneras hay de él; y como debe ser hecho y cuáles no pueden ser testigos en él; y quién lo puede hacer y cuándo; y por qué razones se puede revocar; y qué pena deben tener los que impidan a otros que no los hagan.

Ley 1

Testataio mentis son dos palabras de latín que quieren tanto decir en romance como testimonio de la mente del hombre y de estas palabras fue tomado el nombre de testamento y en él se encierra y se pone ordenadamente la voluntad de aquel que lo hace, estableciendo en él su heredero y repartiendo lo suyo en aquella manera que él tiene por bien que quede después de su muerte. Y tiene gran provecho a los hombres el testamento cuando es hecho derechamente, pues luego huelga el corazón de aquel que lo hizo, y quítase por él el desacuerdo que podría acaecer entre los parientes que tuviesen esperanza de heredar los bienes del finado. Y hay dos maneras de testamento: la una es la que llaman en latín testamentum muncupativum, que quiere tanto decir como manda que se hace descubiertamente ante siete testigos, en que demuestra el que lo hace por palabra o por escrito a quién establece por su heredero, y como ordena o reparte las otras cosas suyas. La otra manera es la que dicen en latín testamentum in scriptis, que quiere tanto decir como manda que se hace por escrito y no de otra manera. Y tal testamento como este debe ser hecho ante siete testigos que sean llamados y rogados por aquel que lo hace; y ninguno de estos testigos no debe ser siervo, ni menor de catorce años, ni mujer ni hombre muy mal infamado.

Ley 2

En escrito queriendo alguno hacer su testamento según dice en la ley antes de esta, si por ventura lo quisiere hacer en secreto que no sepa ninguno de los testigos lo que es escrito en él, puédelo hacer en esta manera: debe él por su mano misma escribir el testamento, si supiere escribir, y si no, debe llamar otro cual quisiere en quien se fíe, y mandárselo escribir en su secreto; y después que fuere escrito debe doblar la carta y poner en ella siete cuerdas con que se cierre, de manera que queden colgadas para poner en ellos siete sellos, y debe dejar tanto pergamino blanco de fuera de la dobladura en que puedan los testigos sobrescribir sus nombres. Y después de esto debe llamar y rogar a tales siete testigos como dice en la ley antes de esta, y mostrarles la carta doblada, y decirles así: «Este es mi testamento, ruegos que escribáis en él vuestros nombres y que selléis con vuestros sellos». Y el otrosí debe escribir su nombre o hacerlo escribir en fin de los otros testigos, ante ellos diciendo así: «Otorgo que este es testamento que yo, fulano, hice o mandé escribir».

Ley 9

Atestiguar no pueden en los testamentos aquellos que son dañados por sentencia que fuese dada contra ellos por malas cantigas o dictados que hicieron contra algunos con intención de difamarlos; ni otrosí el que fuese condenado por juicio de los jueces por razón de algún mal hecho que hiciese, así como por hurto o por homicidio o por otro yerro semejante de estos, o por más grave, del que fuese dada sentencia contra él; ni otrosí ninguno de los que dejan la fe de los cristianos y se tornan moros o judíos, y aunque se tornasen después a nuestra fe, a los que dicen en latín apóstatas, ni las mujeres, ni los que fuesen menores de catorce años ni los siervos ni los mudos ni los sordos ni los locos mientras que estuvieren en la locura, ni aquellos a quienes es prohibido que no usen de sus bienes porque son gastadores de ellos en mala manera, y estos tales no pueden ser testigos en testamentos. Otrosí no lo puede ser un hombre que es siervo de otro, pero si alguno de los testigos que allí se acertaron cuando se hacía algún testamento, andaba aquella sazón por hombre libre, aunque después fuese hallado en verdad que era siervo, no se revocará el testamento por esta razón.

Ley 12

En pergamino de cuero o de papel o en tablas, aunque sean de cera o de otra manera, o en otra cosa en que se pueda hacer escritura y parecer, puede ser escrito el testamento. Y aun decimos que de un testamento puede un hombre hacer muchas cartas de un tenor; y de estas cartas puede el testador llevar la una consigo, y las otras puede poner en algún lugar seguro, así como en sacristanía de alguna iglesia o en guarda de algún amigo suyo. Y estas cartas deben ser hechas en una manera, y selladas de unos mismos sellos, y de tantos la una como la otra, de manera que concuerden las unas con las otras; pero si alguna de ellas fuese menguada, no impide a las otras que fuesen cumplidas.

Ley 13

Todos aquellos a quienes no es prohibido por las leyes de este nuestro libro pueden hacer testamento, y los que no lo pueden hacer son estos: el hijo que está en poder de su padre, aunque el padre se lo otorgase; pero si fuese caballero u otro hombre letrado cualquiera de estos hijos que tenga de los bienes que son llamados peculium castrense, vel quasi castrense, puede hacer testamento de ellos. Otrosí decimos que el mozo que es menor de catorce años y la moza que es menor de doce, aunque no estén en poder de su padre ni de su abuelo, no pueden hacer testamento; y esto es porque los que son de esta edad no tienen entendimiento cumplido. Otrosí el que fuese salido de memoria no puede hacer testamento, mientras que fuere desmemoriado, ni el gastador de lo suyo a quien hubiese prohibido el juez que no enajenase sus bienes; pero si antes de tal prohibición, hubiese hecho testamento, valdría. Otrosí decimos que el que es mudo o sordo desde su nacimiento no puede hacer testamento, pero el que lo fuese por alguna ocasión así como por enfermedad o de esta manera, este tal, si supiese escribir, puede hacer testamento escribiéndolo por su mano misma; mas si fuese letrado y no supiese escribir, no puede hacer testamento, fuera de su manera: si le otorgase el rey que lo escribiese otro alguno por él en su lugar. En esta manera misma podría hacer testamento un hombre letrado que fuese mudo desde su nacimiento, y no fuese sordo, pero esto acaece pocas veces; pero aquel que fuese sordo desde siempre o por alguna ocasión, si este tal pudiere hablar bien, puede hacer testamento.

Ley 31

Muriendo algún peregrino o romero sin testamento o sin manda en casa de algún alberguero, aquel en cuya casa muriese debe llamar hombres buenos de aquel lugar y mostrarles todas las cosas que traía, y ellos estando delante, débelas hacer escribir, no encubriendo ninguna cosa de ellas, ni tomando para sí ni para otro, fuera de aquello que debiere haber con derecho por su hostalaje, o si le hubiera vendido alguna cosa para su vianda. Y si algún hostelero contra esto hiciese, tomando o encubriendo alguna cosa, mandamos que lo pague tres doblado todo cuanto tomare o encubriere, y que haga de ello el obispo o su vicario así como sobredicho es.

Título 3. De como deben ser establecidos los herederos en los testamentos

Fundamento y raíz de todos los testamentos de cualquier naturaleza que sean es establecer herederos en ellos, aunque a veces se comienzan de otra manera, según es voluntad de aquellos que los hacen

Ley 1

Haeredem instituere en latín, tanto quiere decir en romance como establecer un hombre a otro por su heredero, de manera que quede señor de lo suyo después de su muerte, o de alguna partida de ello en lugar de aquel que lo estableció. Y tiene muy gran provecho a aquel que lo establece, porque deja lo suyo a un hombre que quiere bien, y pártese su alma de este mundo más holgadamente por ello, y otrosí tiene provecho al heredero porque se le acrecen más los bienes de este mundo por ello.

Ley 2

Establecido puede ser por heredero de otro, emperador o emperatriz, o rey o reina; y otrosí la cámara de cada uno de ellos y la iglesia en cada lugar honrado que fuere hecho para servicio de Dios y a obras de piedad. Y otrosí ciudad o villa o concejo, y todo hombre, bien sea padre, bien sea hijo, o caballero, bien sea cuerdo o loco o mudo o sordo o ciego o gastador de sus bienes o clérigo o lego o monje: y brevemente decimos que todo hombre a quien no le es prohibido por las leyes de este nuestro libro, bien sea libre o siervo, puede ser establecido por heredero de otro.

Título 4. De las condiciones que pueden ser puestas cuando establecen los herederos en los testamentos

Ley 1

Condición es una manera de palabra que suelen los que otorgan los testamentos poner o decir en los establecimientos de los herederos, que les aleja el provecho de la herencia o de la manda hasta que aquella condición sea cumplida. Y los que otorgan los testamentos a veces ponen condiciones para establecer los herederos, y a veces, aunque no las pongan, entiéndense calladamente, bien así como si fuesen escritas y puestas... Y aun entre aquellas condiciones que ponen los hombres señaladamente en sus testamentos, de ellas hay que pertenecen al tiempo pasado, y otras al tiempo presente, y otras, al tiempo que es por venir. Y de aquellas que pertenecen al tiempo que es por venir algunas hay que pueden ser; y algunas, que no, que son dichas en latín impossibiles, y de las que no pueden ser, tales las hay que no se pueden cumplir por impedirlo la naturaleza, y tales hay que las impide el derecho; y otras, que resultan imposibles de hecho, y otras hay que no pueden ser, porque son dudosas u oscuras. Y de las condiciones que pueden ser, algunas hay de ellas que están en poder de los hombres para cumplirlas, y otras hay que están en ventura si serán o no; y otras hay que son mezcladas, que en parte dependen del poder de los hombres, y en parte están en ventura, y hácense por esta palabra, diciendo así: «Hago a fulano mi heredero, si él diere o hiciera tal cosa a tal iglesia», o en otra manera semejante de esta.

Título 5. De como pueden ser establecidos otros herederos en los testamentos en lugar de los que allí fueren puestos primeramente, a los que dicen en latín substitutus

Ley 1

Substitutus en latín tanto quiere decir en romance como otro heredero que es establecido por el que otorga el testamento en el segundo grado después del primer heredero; y esto sería como si dijese: «Establezco a fulano mi heredero; y si él no quisiere o no lo pudiere ser, séalo fulano en lugar de él». Y a tal sustitución como esta llaman en latín vulgaris, que quiere tanto decir como establecimiento que puede hacer cualquiera del pueblo, y a quien quisiere. Otra sustitución hay a la que dicen en latín pupillaris, que quiere tanto decir como establecimiento que es hecho tan solamente al mozo que es menor de catorce años, o a la moza que es menor de doce años. Y otra manera hay de sustitución, que es llamada en latín exemplaris, que quiere tanto decir como otro establecimiento de heredero, que es hecho a semejanza del que es hecho al huérfano; y puédenla hacer los padres o los abuelos o los que descienden de ellos cuando son locos o desmemoriados, estableciendo los otros por herederos si muriesen en la locura. Otra manera hay que es llamada en latín compendiosa, que quiere tanto decir como establecimiento que es hecho por breves palabras.

Título 6. De como los herederos pueden tener plazo para aconsejarse si tomarán aquella herencia en que fueron

establecidos por herederos o no, y de como se debe hacer el inventario, y otrosí de como debe ser guardada la mujer después de la muerte de su marido cuando dice que quedó preñada de él

Ley 1

Deliberare en latín tanto quiere decir en romance como tener un hombre acuerdo consigo mismo o con sus amigos si es bien de hacer aquella cosa sobre la que toma plazo para aconsejarse, y tiene gran provecho esta deliberación a los que son establecidos por herederos en testamento de otro, y aun a los otros que tienen derecho de heredar por razón de parentesco los bienes de alguno que muriese sin testamento; y en tal plazo como este, pueden ver si tomando la herencia, les viene de ello provecho o daño.

Ley 5

Inventarium en latín tanto quiere decir en romance como escritura que es hecha de los bienes del finado; y hacen los herederos tal escritura como esta porque después no tengan que pagar las deudas de aquel que heredaron, fuera de en tanto cuantía cuanta montaren los bienes que heredaron del finado. Y deben comenzar a hacer este inventario a treinta día desde que supieren que son herederos del finado, y lo han de acabar hasta tres meses; pero si todos los bienes de la herencia no estuviesen en un lugar, entonces bien les pueden dar plazo de un año, además de los tres meses, para reconocerlos y meterlos en escrito. Y la manera como debe ser hecha la escritura de tal inventario es esta: que se debe escribir por mano de algún escribano público, y deben ser llamados todos aquellos a quienes mandó el testador alguna cosa en su testamento, que estén presentes cuando hicieren tal escrito. Y en el comienzo de la carta debe el heredero hacer la señal de la cruz y después el escribano ha de comenzar a escribir diciendo así: «En el nombre de Dios Padre e Hijo y Espíritu Santo», y después escribir y poner en el inventario todos los bienes de la herencia; y en el fin de la carta debe escribir el heredero de su mano que todos los bienes del testador son escritos en este inventario lealmente allí, que no hizo ningún engaño; y si por ventura él no supiere escribir, debe rogar a alguno de los escribanos públicos que lo escriba en su lugar antes dos testigos.

Ley 17

Mujeres hay algunas que después que sus maridos son muertos dicen que son preñadas de ellos, y porque en las grandes herencias que quedan después de la muerte de los hombres ricos, podría acaecer que pudieran las mujeres hacer engaño en los partos, mostrando hijos ajenos diciendo que eran suyos, por ello mostraron los sabios antiguos manera cierta por la que se puedan los hombres guardar de esto, y dijeron que cuando la mujer dijese que queda preñada de su marido, que lo debe hacer saber a los parientes mas propincuos de él, diciéndoles como es preñada de su marido; y esto debe hacer dos veces en cada mes desde el tiempo que su marido fue muerto hasta que ellos envíen mirar si es preñada o no; y si por ventura los parientes dudaren en esto, deben enviar cinco buenas mujeres que sean libres que le miren el vientre, de manera que no le palpen contra su voluntad; después pueden enviar que la guarden si quisieren; y la guarda de tal mujer debe ser hecha de esta manera: pues el juez del lugar donde esto acaeciere, si los parientes del muerto lo demandaren, debe buscarle casa de alguna buena dueña y honesta en que more esta mujer hasta que para, y ella, morando en casa de esta buena dueña, cuando estimare que debe parir, débelo hacer saber a los parientes del finado treinta días antes que encaezca, porque ellos envíen otra vez algunas buenas mujeres y honestas que le miren el vientre. Y en aquella casa donde hubiere de parir, no debe haber más de una entrada, y si más hubiere, débenlas cerrar; y a la puerta de la casa donde está la mujer que dice que es preñada pueden poner los parientes del finado tres hombres y tres mujeres libres, que tengan ellos dos compañeros y ellas dos compañeras que la guarden, y cada vez que hubiere de salir esta mujer de aquella casa a otra que sea dentro en aquella morada para entrar en baño o para otra cosa cualquiera que le sea menester, deben mirar aquellos que la guardan toda la casa donde quiere entrar o lugar donde se quiere bañar, de manera que no esté dentro otra mujer que fuese preñada, o algún niño escondido u otra cosa alguna en que pudiesen recibir engaño; y cuando algún hombre o mujer quisiere entrar a ella, débenlo escudriñar de manera que en su entrada no pueda otrosí ser hecho engaño. Otrosí decimos que sintiendo la mujer en sí misma tales señales por las que entendiese que era cercana al parto, débelo aun hacer saber otra vez a los parientes de su marido que la envíen a mirar y guardarla si quisieren, y cuando ya fuere cuitada por razón del parto, no debe estar en aquella casa donde ella está hombre ninguno, mas pueden allí estar hasta diez mujeres buenas que sean libres, y hasta seis sirvientas que no sea ninguna de ellas preñada, y otras dos mujeres sabedoras que sean usadas de ayudar a las mujeres cuando paren; y allí deben entonces en aquella casa arder cada noche, hasta que para, tres lumbres, porque no pueda ser hecho algún engaño escondidamente; y cuando la criatura fuere nacida, débenla mostrar a los parientes del marido, si la quisieren ver. Y siendo guardadas estas cosas en la mujer de la que hubiese duda de si era preñada o no, heredará el hijo que naciese de ella después de la muerte de su marido los bienes de él.

Título 7. De como y por qué razones puede un hombre desheredar en su testamento a aquel que debía heredar sus bienes; por qué razones puede perder la herencia aquel que fuere establecido por heredero aunque no lo desheredasen

Ley 1

Desheredar es cosa que quita a un hombre el derecho que tenía que here-dar los bienes de su padre o de su abuelo o de otro cualquiera que le toque por parentesco; y esto sería como si el testador dijese: «Desheredado mi hijo, o mando que sea extraño de todos mis bienes por tal yerro que me hizo». Y eso mismo sería si tales palabras dijese contra su nieto o contra otro cualquier que debiese heredar de derecho.

Ley 2

Todo hombre que puede hacer testamento tiene poder de desheredar a otro de sus bienes, pero si el testamento en que fuese alguno desheredado se rompiese por alguna razón derecha, o lo revocase aquel que lo hizo, o se desatase por razón de que los herederos que eran escritos en él no quisiesen entrar la herencia del testador, entonces el que fuese desheredado en tal testamento no lo impediría; y pues que el testamento no valiese, no valdría otrosí el desheredamiento que fuese hecho en él. Otrosí decimos que todos aquellos que descienden por la línea derecha pueden ser desheredados por aquel mismo de quien descienden si hicieren por qué, y fueren de diez años y medio al menos: y aun todos los otros que suben por la línea derecha pueden ser desheredados de los que descienden de ella, de los bienes que pertenecen a los hijos o a los nietos tan solamente por esa misma razón; y todos los otros parientes que son en la línea de través, aunque los unos pueden heredar a los otros siendo los más propincuos, si no hubieren hijos o si murieren sin testamento, con todo esto cualquiera de ellos que haga testamento puede desheredar en él a los otros si quisiere, tanto con razón como sin razón, y puede establecer a otro extraño por su heredero, y heredará todos sus bienes, aunque no quieran estos parientes tales, y aunque el testador no hiciese mención de ellos en su testamento.

Ley 3

El desheredamiento debe ser hecho nombrándolo por su heredero por su nombre o por su sobrenombre o por otra señal cierta, debe el testador desheredar a cualquier de los que descienden de él por la línea directa cuando lo quiere hacer, bien sea varón, bien sea mujer, o sea en su poder o no, y de manera que ciertamente puedan saber cuál es aquel que deshereda. Otrosí decimos que cuando el testador tiene un hijo tan solamente a quien quiere desheredar y decirle mal, que lo puede hacer diciendo así: «El malo y el ladrón y el matador que no merece ser llamado mi hijo, deshérédolo por tal yerro que me hizo». y tal desheredamiento como este tanto vale como si lo nombrase señaladamente cuando lo desheredase. Y cualquiera a quien desheredasen debe ser desheredado sin ninguna condición, y de toda herencia lo deben desheredar, y no de una cosa tan solamente; y si así no lo hiciesen, no valdría.

Título 9. De las mandas que los hombres hacen en sus testamentos

Mandas hacen los hombres en sus testamentos por sus almas o por hacer bien a algunos con quienes tiene deudo de amor o de parentesco.

Ley 1

Manda es una manera de donación que deja el testador en su testamento o en codicilio a alguno por amor de Dios y de su alma, o por hacer algo a quien deja la manda. Otra donación hacen, a la que dicen en latín donatio causa mortis, que quiere tanto decir como cosa que da el testador a otro, cuidándose morir. Otrosí decimos que a todos aquellos puede ser dejada manda, que pueden ser establecidos por herederos; y cuáles son los que pueden esto hacer y cuáles no, lo mostramos cumplidamente en las leyes que hablan en esta razón. Pero decimos que aunque acaeciese que alguno hubiese tal embargo en el tiempo que le mandasen algo en el testamento, que entonces no lo pudiese haber de derecho, si en el tiempo que muriese el testador fuese libre de aquella razón que se lo embargaba, no debe perder la manda que le fuese dejada, antes la debe tener.

Título 10. De los testamentos que han de cumplir las mandas

Testamentarios son llamados aquellos que han de seguir y cumplir las mandas y las voluntades de los difuntos, que dejan en sus testamentos.

Ley 1

Cabezaleros y testamentarios y mansesores, comoquiera que tienen nombres distintos, el oficio de ellos uno es; y en latín llámanlos fideicommissarios, porque en la fe y en la verdad de estos hombres tales dejan y encomiendan los que otorgan los testamentos hechos de sus almas. Y tienen gran provecho estos tales cuando hacen su oficio lealmente, y se cumplen más pronto por acucia de ellos las mandas que son puestas en los testamentos; y puédenlos establecer para esta estando ellos presentes ante los que otorgan los testamentos, y aunque no lo estén.

Título 12. De los escritos que hacen los hombres en su muerte, a los que llaman codicillos

Codicillos dicen en latín a una manera de escritos pequeños que hacen los hombres después que han hecho sus testamentos para crecer o menguar o mudar alguna de las mandas que habían hecho en ellos.

Ley 1

Codicilos en latín tanto quiere decir en romance como escritura breve que hacen algunos hombres después que han hecho sus testamentos o antes. Y tal escritura como esta tienen gran provecho, porque puede un hombre menguar o crecer las mandas que hubiese hecho en el testamento; o puédela hacer todo hombre que sea mayor de catorce años y la mujer de doce años, solamente que no sea de aquellos a quienes es prohibido. Y puede ser hecho el codicilo en escrito o sin él, solo que se acierten allí cinco testigos cuando lo hacen; y pueden ser mandadas en él todas las cosas que pueden ser dejadas en el testamentos por razón de manda.

Ley 3

Diferencia hay muy grande entre los codicilos y los testamentos, pues los codicilos bien se pueden hacer, aunque no pongan en ellos sellos lo que los hacen ni los testigos que se acertaren, mas puédenlos hacer ante cinco testigos. Y puede un hombre hacer muchos codicilos y no revocará el uno al otro, fuera de si dijere señaladamente aquel que lo hiciere que el codicilo que había hecho primeramente, que no quiere que valga. Otrosí decimos que el codicilo no se revoca aunque nazca después hijo a aquel que lo hizo, mas en los testamentos que se hacen en escrito el contrario es de esto; y débense hacer ante siete testigos rogados que se pongan en él sus sellos, y el testamento primero se revoca por el postrimero, y otrosí se quebranta cuando naciere después hijo al que lo hace.

Título 13. De las herencias que un hombre puede ganar por razón de parentesco cuando el señor de ellas muere sin testamento

Ley 1

Ab intestato es palabra de latín que quiere tanto decir en romance como un hombre que muere sin testamento; y esto puede ser en cuatro maneras: La primera es cuando un hombre muere y no hace testamento. La segunda es cuando hace testamento no cumplido, no guardando la forma que debe ser guardada en hacerlo. La tercera es cuando el testamento que hizo se rompió por algún hijo que nació después al testador, del cual hijo no hizo mención en el testamento; o si por ventura aquel que hizo testamento se dejó prohijar por otro, de manera que pase a poder de aquel que lo prohijó. La cuarta es cuando hace testamento acabado y establece heredero en él, y aquel heredero no quiere la herencia desechándola.

Ley 2

Tres grados o líneas de parentesco: la una es de los descendientes, así como los hijos y los nietos y los otros que descienden por ella, la otra es de los ascendientes, así como el padre y el abuelo y los otros que suben por ella; la tercera es de los de través, así como los hermanos y los tíos y los que nacen de ellos.

Título 14. De como debe ser entregada la tenencia o el señorío de la herencia del finado al heredero, bien que la demande por razón de testamento o de parentesco

Ley 1

Entrega tanto quiere decir como apoderamiento corporal que recibe el heredero de los bienes de la herencia que le pertenece; y puédese demandar la entrega de tales bienes en dos maneras: la primera, cuando el heredero demanda tan solamente la posesión y la tenencia de los bienes de la herencia; la segunda, cuando demanda en uno la propiedad y la posesión de ella. Y tiene muy gran provecho tal entrega al heredero porque gana luego el señorío de ella cuando se hace con derecho; y aun porque siempre es de mejor condición el que tiene la cosa que el que la demanda.

Título 15. De como debe ser partida la herencia y otrosí como se deben amojonar las heredades cuando contienda acaeciere y sobre ellas en esta razón

Ley 1

Partición es reparto que hacen los hombres entre sí de las cosas que tienen comunalmente por herencia o por otra razón; y viene de ellos gran provecho cuando es hecha derechamente; y acaecen por ellas desacuerdos muy grandes que nacen entre los hombres a veces por razón de las cosas que tienen en común y tiénese cada uno por pagado con su parte cuando la tiene y alíñala mejor y aprovéchase más de ella.

Ley 2

Cada uno de los herederos que tienen derecho de heredar los bienes del finado puede demandar a los otros que los partan entre sí, y deben ser partidos estos bienes según que mandó el testador en su testamento cuando lo hizo, o si murió sin manda deben partir la herencia de él según dicen las leyes. Pero si en los bienes del testador fueren halladas algunas cosas malas, así como ponzoña o malas hierbas o dañosas medicinas o libros o escrituras de encantamientos malos y otras cosas que aquellas estén prohibidas que no usen los hombres de ellas, no las deben partir entre sí, antes decimos que las deben quemar y destruir. Otrosí si hallaren en los bienes de la herencia algunas cosas que fuesen mal ganadas decimos que deben tornar y dar estas cosas tales a aquellos cuyas fueron o a los que lo suyo hubieren de heredar; y si supieren ciertamente cuyas fueron estas cosas que fuesen asignadas, entonces se deben dar por Dios, porque el alma de aquel que así las ganó no sea penada por ellas.

Título 16. De como deben ser guardados los huérfanos y los bienes que heredan después de la muerte de sus padres

Ley 1

Tutela en latín tanto quiere decir en romance como guarda que es dada y otorgada al huérfano libre, menor de catorce años, y a la huérfana menor de doce, que no se pueden ni saben amparar; y tal guarda como esta otorga el derecho a los guardadores sobre las cabezas de los menores, aunque no quieran o no la demanden ellos. Pero si pleito fuese movido de servidumbre a algún mozo de esta edad, bien le puede el juez dar un guardador que le ampare la libertad y lo suyo. Otrosí decimos que el guardador debe ser dado para guardar la persona del mozo y sus bienes, y no debe ser puesto por una cosa o por un pleito señalado tan solamente.

Ley 2

En tres maneras pueden ser establecidos los guardadores de los mozos que queden huérfanos. La primera es cuando el padre establece guardador de su hijo en su testamento, al que llaman en latín tutor testamentarius, que quiere tanto decir como guardador, que es dado en testamento, de otro. La segunda es cuando el padre no deja guardador del hijo en su testamento y tiene pariente, pues entonces las leyes otorgan que sea guardador del huérfano el que es más cercano pariente; y este tal se llama en latín tutor legitimus, que quiere tanto decir como guardador que es dado por ley y derecho. La tercer manera es cuando el padre no deja guardador a su hijo ni tiene pariente cercano que le guarde, o si lo tiene es impedido en alguna manera que no lo puede o no lo quiere guardar; y entonces el juez de aquel lugar le debe dar por guardador algún hombre bueno y leal, y a este guardador le dicen en latín tutor dativus, que quiere tanto decir como guardador que es dado por albedrío del juez.

Ley 16

Esforzarse debe el guardador de hacer al mozo que tuviere en guarda que aprenda buenas maneras; y también débele hacer aprender a leer y escribir;

y después de esto débelo poner que aprenda y use aquel mester que más le conviniere, según su naturaleza y la riqueza y el poder que tuviere. Y debe guardarle y atenderlo dándole de comer y de vestir y las otras cosas que menester le fueren, según entendiere que lo debe hacer, cuidando siempre que lo haga según los bienes que recibió de él.

Partida séptima

Olvido y atrevimiento son dos cosas que hacen a los hombres errar mucho, pues el olvido los conduce a que no se acuerden del mal que les puede venir por el yerro que hicieron y el atrevimiento les da osadía para cometer lo que no deben; y de esta manera usan el mal de manera que se les torna como en naturaleza, recibiendo en ello placer. Y porque tales hechos como estos se hacen con soberbia, deben ser escarmentados crudamente, porque los que los hacen reciban la pena que merecen, y los que lo oyeren se espante y tomen de ello escarmiento por el que se guarden de hacer cosa que reciban otro tal.

Título 1. De las acusaciones que se hacen sobre los malos hechos, y de las denuncias, y del oficio del juez que tiene que pesquerir los malos hechos

Ley 1

Propiamente es dicha acusación porfazamiento que un hombre hace a otro ante el juez afrontándole de algún yerro que dice que hizo el acusado, y pidiéndole que le haga venganza de él. Y tiene gran provecho tal acusación a todos los hombres de la tierra comunalmente, pues por él, cuando es probado, se escarmienta derechamente el malhechor, y recibe venganza de él aquel que recibió el daño y además los otros hombres que lo oyeren se guardarán después de hacer cosas por las que puedan ser acusados.

Ley 2

Acusar puede todo hombre a quien no le es prohibido por las leyes de este libro nuestro. Y aquellos que no pueden acusar son estos: la mujer y el niño que es menor de catorce años, y el alcalde o el merino o el adelantado que tenga oficio de justicia. Otrosí decimos que no puede acusar a otro aquel que es dado por de mala fama, ni aquel a quien fuese probado que dijera falso testimonio, o que recibiera dineros porque acusase a otro, o que desampárese por ellos la acusación que hubiese hecho. Otrosí decimos que un hombre que es muy pobre, que no tiene por valor de cincuenta maravedís, no puede hacer acusación, ni los que fueren compañeros en hacer algún yerro no puede acusar el uno al otro sobre aquel mal que hicieron juntos; ni el que fue siervo al señor que le dio la libertad; ni el hijo o el nieto al padre o al abuelo; ni el hermano a sus hermanos, ni el criado o el sirviente o el familiar a aquel que lo crió o en cuya compañía vivió haciéndole servicio o guardándolo.

Ley 7

Acusado puede ser todo hombre mientras viviere de los yerros que hubiese hecho, mas después que fuese muerto no podría ser hecha acusación de él, porque la muerte desata y deshace, tanto a los yerros como a los que los han hecho, aunque la fama quede. Pero en pleito de traición que alguno hubiese hecho contra la persona del rey, o contra el provecho comunal de la tierra o por razón de herejía, bien puede un hombre ser acusado después de su muerte.

Ley 12

Libre siendo algún hombre por sentencia valedera de algún yerro sobre el cual lo hubiesen acusado, de allí adelante no lo podría otro ninguno acusar sobre aquel yerro, fuera de si probase contra él que se hiciera él mismo acusar engañosamente sacando y trayendo algunas pruebas que no supiesen el hecho para que lo diesen por libre del yerro o del mal de que él se hizo acusar.

Ley 14

Cuando un hombre quisiere acusar a otro, débelo hacer por escrito, y en la carta de acusación debe ser puesto el nombre del acusador y el de aquel a quien acusa, y el del juez ante quien la hace, y el yerro que hizo el acusador, y el mes y el lugar donde fue hecho el yerro de que le acusa. Y el juez debe recibir tal acusación, y escribir el día en que se la dieron, recibiendo luego la jura del acusador que no se mueve maliciosamente a acusar, mas que cree que aquel a quien acusa, que es en culpa y que hizo aquel yerro de que le hace la acusación; y después de esto debe aplazar al acusado y darle traslado de la demanda, señalándole plazo de veinte días en el que venga a responder a ella.

Ley 26

La persona del hombre es la más noble cosa del mundo y por ello decimos que todo juez que hubiere de conocer de un tal pleito sobre el que pudiese venir muerte o pérdida de miembro, que debe poner guardia muy ahincadamente que las pruebas que recibiere sobre tal pleito, que sean leales y verdaderas y sin ninguna sospecha, y que los dichos y las palabras que dijeren afirmando, sean ciertas y claras como la luz, de manera que no pueda venir sobre ellas duda ninguna. Y si las pruebas que fuesen dadas contra el acusado no dijesen ni atestiguasen claramente el yerro sobre el que fue hecha la acusación, y el acusado fuese hombre de buena fama, débelo el juez librar por sentencia. Y si por ventura fuese hombre mal afamado, y otrosí hallase por las pruebas algunas presunciones contra él, bien le puede entonces hacer atormentar de manera que pueda saber la verdad de él. Y si ni por su conocimiento ni por las pruebas que fueren aducidas contra él, no le hallare culpa de aquel yerro sobre el que fue acusado, débelo dar por libre, y dar al acusador aquella misma pena que diera al acusado, fuera de si el acusador hubiese hecho la acusación sobre daño que hubiese hecho a él mismo o sobre muerte de su padre o de su madre. Eso mismo decimos que sería si el marido acusase a otros por razón de muerte de su mujer, o si ella hiciese acusación de muerte de su marido, aunque no lo probase, no le deben dar ninguna pena en el cuerpo, porque estos tales se mueven por derecha razón y con dolor a hacer estas acusaciones, y no maliciosamente.

Título 2. De las traiciones

Traición es una de los mayores yerros y denuestos en que los hombres pueden caer: y tanto la tuvieron por mala los sabios antiguos que conocieron las cosas derechamente, que la semejaron con la lepra. Otrosí en aquella misma manera hace la traición en la fama del hombre; ella la daña y la corrompe de manera que nunca se puede enderezar; y condúcelo a gran alejamiento y extrañamiento de aquellos que conocen derecho y verdad, y ennegrece y mancilla la fama de los que de aquel linaje descienden, aunque no tengan en ello culpa, de manera que siempre quedan infamados por ello.

Ley 1

Laese maiestatis crimen, en latín tanto quiere decir en romance como yerro de traición que hace un hombre contra la persona del rey. Y traición es la más vil cosa y la peor que puede caer en corazón de hombre, y nacen de ella tres cosas que son contrarias de la lealtad, y son estas: injusticia, mentira y vileza. La traición tanto quiere decir como traer un hombre a otro, bajo semejanza de bien, a mal; y es maldad que echa fuera de sí la lealtad del corazón del hombre; y caen los hombres en yerro de traición de muchas maneras. La primera y la mayor y la que más fuertemente debe ser escarmentada es si se trabaja algún hombre en la muerte de su rey o en hacerle en vida perder la honra de su dignidad; trabajándose con enemiga que sea otro el rey, y que su señor sea desapoderado del reino. La segunda manera es si alguno se pone con los enemigos para guerrear o hacer mal al rey o al reino, o les ayuda de hecho o de consejo, o les envía carta o mandado por el que los aperciba de algunas cosas contra el rey, a daño de la tierra. La tercera manera es si alguno se trabajase de hecho o de consejo que alguna tierra o gente que obedeciese a su rey, se alzase contra él, o a que no le obedeciese tan bien como solía. La cuarta es cuando algún rey o señor de alguna tierra que es fuera de su señorío quiere dar al rey la tierra de donde es señor, o le quiere obedecer dándole parias o tributos, y alguno de su señorío lo estorba de hecho o de consejo. La quinta es cuando el que tiene por rey castillo o villa u otra fortaleza se alza con aquel lugar, o lo da a los enemigos, o lo pierde por su culpa o por algún engaño que él hace; ese mismo yerro haría el rico hombre o caballero u otro cualquiera que abasteciese con vianda o con armas algún lugar fuerte para guerrear contra el rey o contra el provecho comunal de la tierra, o si entregase otra ciudad o castillo, aunque no lo tuviese por el rey. La sexta es si alguno desamparase al rey en batalla y se fuese a los enemigos o a otra parte, o se fuese de la hueste de otra manera sin su mandado antes del tiempo que debía servir, o si derranchase comenzando a lidiar con los enemigos engañosamente, sin mandado del rey y sin su sabiduría; o si descubriese a los enemigos secretos del rey en daño de él. La setena es si alguno hiciese bullicio o levantamiento en el reino, haciendo juras o cofradías de caballeros o de villas contra el rey, de las que naciese daño a él o a la tierra. La octava es si alguno matase a alguno de los adelantados mayores del reino o de los consejeros honrados del rey o de los caballeros que son establecidos para guardar su cuerpo, o de los jueces que tienen poder de juzgar por su mandado en su corte. La novena es cuando el rey asegura a algún hombre señaladamente, o a la gente de algún lugar o alguna tierra, y otros de su señorío quebrantan aquella seguridad que él dio, matando o hiriendo o deshonrándolos contra su defensa, fuera de si lo hubiesen de hacer en contra de su voluntad, tornando sobre sí o sobre sus cosas. La décima es si a todos o a alguno de ellos, o los hace huir. La oncena es cuando algún hombre es acusado o puesto a recaudo sobre hecho de traición, y otro alguno lo suelta o hace para que huya. La docena es si el rey quita el oficio a algún adelantado o a otro oficial de los mayores y establece otro en su lugar, y el primero está rebelde, que no quiere dejar el oficio o las fortalezas con las cosas que le pertenecen, ni recibir al otro en él por mandato del rey. La trecena es cuando alguno quebranta o hiere o derriba maliciosamente alguna imagen que fue hecha y enderezada en algún lugar por honra o semejanza del rey. La catorcena es cuando alguno hace falsa moneda o falsea los sellos del rey. Y sobre todo decimos que cuando alguno de los yerros sobredichos es hecho contra el rey o contra su señorío o contra provecho comunal de la tierra es propiamente llamada traición; y cuando es hecha contra otros hombres es llamado aleve, según fuero de España.

Ley 2

Cualquier hombre que hiciese alguna de las maneras de traición que dijimos o diere ayuda o consejo que la hagan, debe morir por ello, y todos sus bienes deben ser para la cámara del rey, sacada la dote de su mujer y los deudos que hubiese de dar, y lo que hubiese manlevado hasta el día que comenzó a andar en traición. Y además todos sus hijos que son varones deben quedar infamados para siempre. Pero las hijas de los traidores bien pueden heredar hasta la cuarta parte de los bienes de sus padres; y esto es porque no debe un hombre estimar que las mujeres hiciesen traición ni semejasen en esto tan de ligero a su padre como los varones; y por eso no deben sufrir tan gran pena como ellos.

Título 3. De los retos

Rétanse los hijosdalgo según costumbre de España cuando se acusan los unos a los otros sobre yerro de traición o de alevosía.

Ley 1

Riepto es acusación que hace un hidalgo a otro delante de la corte echándole en cara la traición o la alevosía que hizo. Y tomó este nombre de repeto, que es una palabra del latín que quiere tanto decir como recontar la cosa otra vez diciendo la manera como la hizo. Y este reto tiene provecho a aquel que lo hace, porque es medio para alcanzar derecho por él del daño o de la deshonra que le hicieren. Y aun tiene provecho a los otros que lo ven y lo oyen, y toman apercibimiento para guardarse de hacer tal yerro porque no sean afrontados en tal manera como esta.

Ley 2

Retar puede todo hombre hijodalgo por daño o deshonra en que caiga traición o alevosía que le haya hecho otro hijodalgo. Y esto puede hacer él por sí mismo mientras fuere vivo. Y si fuere muerto el que recibió la deshonra, puede retar el padre por el hijo, y el hijo por el padre, y el hermano por el hermano; y si tales parientes no hubiere, puédelo hacer el más cercano pariente que quedare del muerto. Y aun puede retar el vasallo por el señor y el señor por el vasallo; y cada uno de los amigos puede responder por su amigo cuando es retado. Y débese hacer el reto ante el rey y delante de la corte, y no ante ricohombre, ni merino ni otro oficial del reino, porque otro ninguno no tiene poder de dar al hidalgo por traidor ni por alevoso, ni librarlo del reto, sino el rey tan solamente por el señorío que tiene sobre todos.

Ley 4

Quien quisiere retar a otro débelo hacer en esta manera: viendo primeramente si aquella razón por la que quiere retar es tal que resulte de ello traición o alevosía, y otrosí debe ser cierto si aquel contra quien quiere hacer el reto es en culpa y después que fuere cierto y sabedor de estas dos cosas, débelo primeramente mostrar al rey en secreto diciéndole así: «Señor, tal caballero hizo tal yerro que pertenece a mí acusarlo, y pídoos por merced que me otorguéis que lo pueda retar por ello». Y entonces el rey débele aconsejar si es cosa que pueda llevar adelante; y aunque responda que tal es, débele aconsejar que se avenga con él, Y si enmienda le quisiere hacer de otra manera sin reto, débele mandar que la reciba, dándole para ello plazo de tres días, y en este plazo se pueden avenir sin acusación, sino se avinieren del tercer día en adelante, débele hacer emplazar para delante del rey; y entonces puédelo retar delante de la corte públicamente, estando allí delante a lo menos doce caballeros, diciendo así: «Señor, fulano caballero, que está aquí ante vos, hizo tal traición o tal alevosía y digo que es traidor por ello o alevoso». Y si ello quisiere probar por testigos o por cartas o por pesquisa, débelo luego decir; y si se lo quisiere probar por lid, entonces diga que le meterá allí las manos y se lo hará decir, o lo matará o le echará del campo por vencido.

Título 4. De las lides que se hacen por razón de los retos

Lid es una manera de prueba que usaron antiguamente los hombres cuando se querían defender por armas del mal sobre el que los retaban.

Ley 1

Manera de prueba es, según costumbre en España, la lid que manda hacer el rey por razón de reto que es hecho ante él, aviniéndose ambas partes a lidiar, pues de otra manera el rey no lo mandaría hacer. Y la razón por la que fue hallada la lid es esta, pues tuvieron los hijosdalgo de España que mejor les era defender su derecho o su lealtad por las armas, que meterlo a peligro de pesquisa o de falsos testigos. Y hay dos maneras de lid que acostumbraron hacer en razón de prueba; la una es la que hacen los hijosdalgo entre sí lidiando con caballos, la otra es la que suelen hacer de pie los hombres de las villas y de las aldeas, según el antiguo fuero que solían usar.

Ley 2

Lidiar pueden el retador y el retado cuando se aviniesen en la lid, y tienen que lidiar sobre aquellas razones sobre las que fue hecho el reto. Y esto deben hacer por mandado del rey, y en aquel tiempo que les fuere señalado para ellos. Y debe el rey darles el plazo y señalarles día en que lidien y mandarles con qué armas se combatan, y darles fieles que les señalen el campo, y lo amojonen y les amuestren para que entiendan y sepan ciertamente por qué lugares están los mojones del campo de los que no han de salir, sino por mandado del rey o de los fieles; y después que esto hubieren hecho, hanlos de meter en medio del campo y partirles el Sol. Y débenles decir a ambos, antes que se combatan, como han de hacer; y deben ver si tienen aquellas armas que el rey les mandó o más o menos. Y hasta que los fieles se partan de entre ellos, cada uno puede mejorar en caballo y en armas; y desde que ellos tuvieren los caballos y las armas que menester hubieren, deben los fieles salir del campo, y estar allí cerca para ver y oír lo que hicieren y dijeren. Y entonces debe el retador acometer primeramente al retado, pero si el retador no le acometiese, puede el retado acometer a él, si quisiere.

Ley 4

Salirse no puede del campo el retador ni el retado sin mandado del rey o de los fieles, y cualquier que contra esto hiciere, saliendo de allí o por su grado o por su fuerza del otro combatiente, sea vencido. Y si por maldad del caballo o por rienda quebrada o por otra ocasión manifiesta, según bien vista de los fieles, contra su voluntad y no por fuerza del otro combatiente saliere alguno de ellos del campo, si luego que pudiere, a caballo o de pie tornare al campo, no será vencido por tal salida. Y si el retador fuere muerto en el campo, el retado queda libre del reto, aunque el retador no se haya desdicho. Y si el retado muriese en el campo, y no se otorgase por alevoso o no otorgase que hizo el hecho por el que fue retado, muera libre del reto; la razón es que sea libre quien, defendiendo la verdad, recibió muerte. Otrosí decimos que es libre el retado si el retador no le quisiere acometer; y abúndale que está aparejado en el campo para defender su derecho. Y aun decimos que cuando el retador matare en el campo al retador o el retado al retador, que el vivo no quede enemigo de los parientes del muerto por razón de aquella muerte; y el rey débelo hacer perdonar y asegurar a los parientes del muerto, si de alguno se temiere.

Título 5. De las cosas que hacen los hombres por las que valen menos

Ley 1

Usan los hombres decir en España una palabra que es valer menos: y menos valer es cosa que un hombre que cae en ella no es par de otro en corte de señor ni en juicio. Y viene gran daño a los que caen en tal yerro pues no pueden de allí en adelante ser pares de otros en lid; ni en hacer acusación, ni testimonio ni en las otras honras a las que los buenos hombres deben ser acogidos.

Ley 2

Caen los hombres en yerro que es dicho menos valer, según la costumbre usada en España de dos maneras: la una es cuando hacen pleito y homenaje y no lo cumplen; como si dice un hombre a otro: «Yo os hago pleito y homenaje que os dé tal cosa u os cumpla tal pleito» diciendo ciertamente cual es, «y si no, que sea traidor o alevoso por ello». Pues si no cumple el pleito o no da la cosa al día que prometió, vale menos; mas con todo eso no cae en pena de traición ni de alevosía por ello. Y en este yerro no puede caer ningún hombre sino hace tal hecho por el que lo deba ser. La segunda manera es cuando el hidalgo se desdice en juicio o por corte de la cosa que dijo. Y aun hay otras maneras muchas por las que los hombres valen menos según las leyes antiguas.

Título 6. De los infamados

Infamados son algunos hombres por otros yerros que hacen que no son tan grandes como los de las traiciones y de las alevosías.

Ley 1

Fama es buen estado del hombre que vive derechamente según ley y buenas costumbres, no teniendo en sí mancilla ni maldad. E infamamiento tanto quiere decir como porfazamiento que es hecho contra la fama del hombre, y que dicen en latín infamia. Y hay dos maneras de infamamiento: la una es la que nace del hecho tan solamente; la otra nace de ley que los da por infamados por los hechos que hacen.

Ley 2

Infamado es de hecho aquel que no nace de casamiento derechurero según la santa iglesia manda. Eso mismo sería cuando el padre infamase a su hijo en su testamento diciendo algún mal de él; o cuando el rey o juez dijesen públicamente a alguno que hiciese mejor vida de la que hace no juzgándolo, mas aconsejándolo, o si dijese contra algún abogado o a otro hombre cualquiera advirtiéndole que se guardase de no acusar a ninguno a tuerto pues le semejaba que lo hacía metiendo los hombres a ello. Eso mismo sería cuando algún hombre que fuese de creer anduviese infamando a otro y descubriéndolo en muchos lugares de algunos males que hacía o había hecho, si las gentes lo creyesen o lo dijesen después así. Otrosí decimos que si alguno fuese condenado por sentencia del juez que tornase o enmendase alguna cosa que hubiese tomado a otro por fuerza o por hurto, que es infamado por ello de hecho.

Ley 3

Siendo la mujer casada hallada en algún lugar que hiciese adulterio con otro, o si se casase por palabras de presente o hiciese maldad de su cuerpo antes que se cumpliese el año en que muriera su marido, es infamada por derecho. En ese mismo infamamiento caería el padre si antes que pasase el año en que fuese muerto su yerno, casase a su hija que fuera mujer de aquel, a sabiendas. Y moviéronse los sabios antiguos por dos razones a vedar a la mujer que no casase en este tiempo después de la muerte de su marido. La primera es porque sean los hombres ciertos que el hijo que nace de ella es del primero marido. La segunda es porque no puedan sospechar contra ella, pues que casa tan pronto, que fue en culpa de la muerte de aquel con quien estaba antes casada.

Ley 4

Leno en latín tanto quiere decir en romance como alcahuete; y tal hombre como este, bien sea que tenga sus siervas u otras mujeres libres en su casa mandándoles hacer maldad de sus cuerpos por dinero, bien sea que ande en otra manera por trujamanía alcahueteando o sonsacando las mujeres para otro por algo que le den, es infamado por ello. Otrosí son infamados los juglares, y los remedadores y los que hacen los zaharrones, que públicamente ante el pueblo cantan o bailan o hacen juegos por precio que les den; y esto es porque se envilecen antes todos por aquello que les dan. Mas lo que tañasen instrumentos o cantasen por solazar a sí mismos o por hacer placer a sus amigos o dar alegría a los reyes o a los otros señores, no serían por ello infamados. Y aun decimos que son infamados los que lidian con bestias bravas por dineros que les dan; y eso mismo decimos que los son los que lidiasen uno con otro por precio que recibiesen por ella, pues estos son tales, pues que sus cuerpos aventuran por dineros en esta manera, bien se entiende que harían ligeramente otra maldad por ellos. Pero cuando un hombre lidiase con otro sin precio por salvar a sí mismo o a algún amigo, o con bestia brava por probar su fuerza, entonces no sería infamado por ello, antes ganaría prez de hombre valiente y esforzado. Otrosí decimos que sería infamado el caballero a quien echasen de la hueste por yerro que hubiese hecho, o al que quitasen honra de caballería, cortándole las espuelas o la espada que tuviese ceñida. Eso mismo sería cuando el caballero que se debe ocupar en hecho de armas, arrendase heredades ajenas en manera de merca. Otrosí son infamados los usureros y todos aquellos que quebranten pleitos o posturas que hubiesen jurado guardar, y todos lo que hacen pecado contra natura, pues por cualquier de estas razones sobredichas es un hombre infamado tan solamente por el hecho, aunque no sea dada sentencia contra él, porque la ley y el derecho los infama.

Título 7. De las falsedades

Una de las grandes maldades que un hombre puede haber en sí es hacer falsedad, pues de ella siguen muchos males y grandes daños a los hombres.

Ley 1

Falsedad es mudamiento de la verdad. Y puédese hacer la falsedad en muchas maneras, así como si algún escribano del rey u otro que fuese notario público de algún concejo hiciese privilegio o carta falsa a sabiendas, o rayase o cancelase o mudase alguna escritura verdadera o pleito u otras palabras que eran puestas en ella cambiándolas falsamente. Otrosí decimos que falsedad hará el que tuviese carta u otra escritura de testamento que alguno hubiese hecho, si la negase diciendo que no la tenía, o si la hurtase a otro que la tuviese en guarda y la escondiese, o la rompiese o quitase los sellos de ella o la dañase de otra manera cualquiera. Otrosí decimos que todo juez que da juicio a sabiendas contra derecho, hace falsedad; y aun la hace el que es llamado por testigo en algún pleito, si dijese falso testimonio o negare la verdad del hecho sabiéndola. Y eso mismo hace el que da precio a otro porque no diga su testimonio en algún pleito de lo que sabe.

Ley 4

Bulas falsas o falsos sellos o cuños o moneda falsa haciendo algún hombre o mandándolos hacer, hace falsedad. Eso mismo sería cuando el orfebre que labrare oro o plata, mezcla con ello maliciosamente alguno de los otros metales. Otrosí decimos que el físico o el especiero que ha de hacer jarope o letuario con azúcar, si en lugar de azúcar mete miel no sabiéndolo aquel que se lo manda hacer, hace falsedad, o si en lugar de otra alguna especia o de otra cosa buena y cara, mete otra de otra naturaleza peor o más baja, haciendo entender a aquel que lo necesita, que es hecho derechamente y con aquellas cosas que le mostrara o que le prometiera que le pondría.

Ley 7

Medidas o mesura o pesos falsos teniendo algún hombre a sabiendas con que vendiese o comprase alguna cosa, hace falsedad, pero no es tan grande como las otras que dijimos en las leyes antes de esta. Y por ello mandamos por tal razón como esta aquellos que compraron de él o que le vendieron alguna cosa; y además de esto, sea desterrado por tiempo cierto en alguna isla según albedrío del rey, y aquellas medidas o varas o pesos falsos que tiene, sean quebrantados públicamente ante las puertas de aquellos que usaban vender o comprar por ellos.

Ley 9

Moneda es cosa que mercan y viven los hombres en este mundo, y por ello no tiene poder de mandarla hacer ningún hombre si no fuere emperador o rey o aquellos a quienes ellos otorgan poder que la hagan por su mandado; y cualquier otro que se trabaja de hacerla hace muy gran falsedad y muy gran atrevimiento en querer tomar el poderío que los emperadores y los reyes tuvieron para sí señaladamente. Y porque de tal falsedad como esta viene muy gran daño a todo el pueblo, mandamos que cualquier hombre que hiciere falsa moneda de oro o de plata o de cualquier otro metal, que sea quemado por ello de manera que muera. Otrosí decimos que aquellos que cercenaren los dineros que el rey manda correr por su tierra, que deben recibir dinero por ello, cual entendiere el rey que la merecen. Eso mismo debe ser guardado de los que batiesen la moneda que tuviese mucho cobre porque pareciese buena, o que hiciesen alquimia, engañando los hombres en hacerles creer lo que no puede ser según naturaleza.

Título 8. De los homicidios

Homicidio es cosa que hacen los hombres a veces de manera injusta y a veces con derecho.

Ley 1

Homidicium en latín tanto quiere decir en romance como matamiento de un hombre; y de este nombre fue tomado homecillo; según lenguaje de España. Y hay tres maneras de él: la primera es cuando mata un hombre a otro torticeramente; la segunda es cuando lo hace con derecho en defensa propia, la tercera cuando acaece por ocasión.

Ley 2

Matando algún hombre o mujer a otro a sabiendas, debe recibir pena de homicida, bien sea libre o siervo el que fuese muerto, fuera de si lo matase defendiéndose, viniendo el otro contra él trayendo en la mano cuchillo sacada o espada o piedra o palo u otra arma cualquiera con que lo pudiese matar. Y entonces si aquel a quien acometen así, mata al otro que le quiere de esta manera acometer, no cae en pena ninguna por ello, pues natural cosa es y muy conveniente que todo hombre tenga poder de amparar su persona de muerte.

Ley 3

Hallando un hombre a otro que trababa de su hija o de su hermana o de su mujer con quien estuviese casado según manda la iglesia, por yacer con alguna de ellas por fuerza, si lo matase entonces cuando lo hallase que le hacía tal deshonra como esta, no cae en pena ninguna por ello. Otro tal decimos que sería si algún hombre hallase a algún ladrón de noche en su casa, y lo quisiese prender para darlo a la justicia del lugar, si el ladrón se defendiese con armas, y entonces, si lo matare, no cae por ello en pena, y si lo hallase allí de día y lo pudiese prender sin peligro, no lo debe matar de ninguna manera. Otrosí decimos que cualquier caballero que desamparase a su señor en lid o en campo o en hueste y se fuese a los enemigos, si algún hombre lo quisiese prender en la carrera para llevarlo a su señor o a la corte del rey, si el caballero se defendiese y no se dejase prender y lo matase, no sea por ella en pena el que por tal razón lo mató. Otro tal decimos que sería si algún hombre matase a otro que le quemase o destruyese de otra manera de noche sus casas o sus campos o sus mieses o sus árboles, o de día, amparando sus cosas que le tomaban por fuerza; o si matase al que fuere ladrón conocido o al que robase en los caminos públicamente, y el que matase a cualquiera de estos no caería en pena ninguna.

Ley 6

Métense algunos hombres por más sabios que no son en física y en cirugía, y acaece a veces que porque no son tan sabios como hacen muestra, mueren algunos hombres enfermos o llagados por culpa de ellos. Y por ello decimos que si algún físico diese tan fuerte medicina o la que no debía a algún hombre o a alguna mujer que tuviese en guarda, por la que muriese el enfermo; o si algún hombre o mujer diese hierbas o medicina a otra mujer porque se empreñase, y muriese por ello; que cada uno de los que tal yerro hiciesen debe ser desterrado en alguna isla por cinco años, porque fue en muy gran culpa. Otrosí decimos que los boticarios que dan a los hombres a comer o a beber escamonia u otra medicina fuerte sin mandamiento de los médicos, si alguno bebiéndola muriese por ello, debe tener el que la diese pena de homicida en la manera que dijimos de los físicos y los cirujanos.

Ley 11

Pena de homicida merece el juez que da falsa sentencia en pleito que viene ante él de justicia, juzgando alguno a muerte o a destierro o a pérdida de miembro, no mereciéndolo él. Esa misma pena debe tener el testigo que diese falso testimonio en tal pleito.

Título 9. De las deshonras y de los tuertos, bien sean dichos o hechos a los vivos o contra los muertos, y de famosos libelos

Deshonras y tuertos hacen los hombres unos a otros a veces de hecho y a veces de palabra.

Ley 1

Iniuria en latín tanto quiere decir en romance como deshonra que es hecha o dicha a otro a tuerto o a desprecio de él. Y comoquiera que muchas maneras hay de deshonra, pero todas descienden de dos raíces: la primera es de palabra, la segunda, de hecho. Y de palabra es así como si un hombre denostase a otro o le diese voces ante muchos, haciendo escarnio de él o poniéndole algún nombre malo, o diciendo en pos de él palabras tales por las que se tuviese el otro por deshonrado. Eso mismo decimos que sería si hiciese esto hacer a otros así como a los rapaces o a otros cualesquiera. La otra manera es cuando dijese mal de él ante muchos, razonándolo mal o infamándolo de algún yerro o denostándolo. Eso mismo sería si dijese algún mal de él a su señor con intención de hacerle tuerto o deshonra, o por hacerle perder su merced.

Ley 20

Entre las deshonras que los hombres reciben unos de otros hay muy gran diferencia, pues tales hay de ellas a las que dicen en latín atroces que quiere tanto decir en romance como deshonras crueles y graves, y otras hay que son leves. Y las que son graves pueden ser conocidas en cuatro maneras: la primera es cuando la deshonra es mala y fuerte en sí por razón del hecho tan solamente, así como cuando aquel que recibió la deshonra, es herido con un cuchillo o con otra arma de cualquier manera que de la herida salga sangre o quede lisiado de algún miembro; o si es apaleado o herido con la mano o con el pie en su cuerpo de manera deshonrosa. La segunda manera por la que puede ser conocida la deshonra por grave, es por razón del lugar del cuerpo, así como si lo hiriesen en el ojo o en la cara, o por razón del lugar donde es hecha la deshonra, así como cuando alguno deshonra de palabra o de hecho a otro antes el rey o ante alguno de aquellos que tienen poder de juzgar por él o en concejo o en iglesia o en otro lugar públicamente ante muchos. La tercera manera es por razón de la persona que recibe la deshonra, así como si el padre recibe deshonra de su hijo, o el abuelo de su nieto, o el señor de su vasallo o de su rapaz o de aquel que libertó o crío, o el juez de alguno de aquellos que él tiene poder de apremiar porque son de su jurisdicción. La cuarta es por cantigas o por rima o por famoso libelo que alguien hace por deshonra del otro. Y todas las otras deshonras que los hombres hacen unos a otros de hecho o de palabra, que no son tan graves por razón de hecho tan solamente como antes dijimos, o por razón del lugar o por razón de aquellos que las reciben, son contadas por livianas.

Ley 21

Cierta pena ni cierta enmienda no podemos establecer en razón de las enmiendas que deben hacer unos hombres a otros por las noticias y por las deshonras que son hechas entre ellos, porque en una deshonra misma no puede ser igual en pena ni igual en enmienda por razón de las diferencias que dijimos en la ley antes de esta, que ocurren, porque las personas y los hechos de ellas no son contados por iguales. Y comoquiera que la pusimos a los que hacen las malas cantigas o rimas o dictados malos, y a quien deshonrase los enfermos o los muertos, pues que cierta pena no le podemos poner a cada una de las otras deshonras por las razones antes dichas, tenemos por bien y mandamos que cualquier hombre que reciba injusticia o deshonra, que pueda demandar enmienda de ella en una de estas dos maneras, cual más quisiere: la primera es que le haga el que le deshonró enmienda de pago de dinero; la otra es en manera de acusación, pidiendo que el que hizo mala acción sea escarmentado por ello según albedrío del juez.

Título 10. De las fuerzas

Ley 1

Fuerza es cosa que es hecha a otro maliciosamente de la que no se puede defender el que la recibe; y hay dos maneras de ella: la una se hace con armas, y la otra, sin ellas. Y con armas hace fuerza todo hombre que acomete o hiere a otro con armas de hierro o de fuste o con piedras, o lleva consigo hombres armados en esta manera para hacer mal o daño a alguien en su persona o en sus cosas, hiriendo o matando o robando; aunque no hiera ni mate, acomete el hacerlo y no queda por él. Ese mismo yerro hace el que, estando armado así como es sobredicho, encierra o combate a alguno en su castillo o en su casa o en otro lugar, o lo prende o le hace hacer algún pleito en su daño o contra su voluntad. Otro tal yerro hace el que allega hombres armados en quema y acomete quemar o robar alguna villa o castillo o aldea u otro lugar, o casa o nave u otro edificio en que morasen algunos hombres, o tuviesen en guarda algunas mercancías u otras cosas de aquellas que han menester los hombres para uso de su vida o por ganar en razón de mercaduría o por otra manera.

Título 11. Del desafío y del devolver amistad

Ley 1

Desafío es cosa que aparta a hombres de la fe que los hijosdalgo pusieron entre sí antiguamente que fuese guardada entre ellos como en manera de amistad, y tiene provecho porque toma apercibimiento el que es desafiado para guardarse del otro que lo desafía o para avenirse con él. Y desafiar pertenece señaladamente a los hijosdalgo y no a los otros hombres por razón de la fe que fue puesta entre ellos. El hijodalgo es aquel que es nacido de padre que sea hijodalgo, bien lo sea de madre o no, solo que sea su mujer velada o amiga que tenga conocidamente por su suya. Y esto es porque antiguamente la nobleza hubo comienzo en los varones, y por eso la heredaron los hijosdalgo, y no lo impide aunque la madre no sea hijadalgo.

Ley 2

Deshonra o malicia o daño haciendo un hijodalgo a otro, puédele desafiar por ello en esta manera, diciendo así: «Os acuso y desafío por tal deshonra o calumnia o daño que hicisteis a mí o a fulano, mi pariente, por lo que tengo derecho de desafiaros». Pues también pude desafiar un hombre a otro por la deshonra o malicia o daño que recibiese su pariente, como por la que hubiese él mismo recibido.

Título 12. De las treguas y de las seguridades y de las paces

Ley 1

Tregua es seguranza que se dan los hijosdalgo entre sí unos a otros después que son desafiados, que no se han mal en los cuerpos ni en los haberes en cuanto la tregua durare; y tiene lugar la tregua mientras la discordia y la enemistad dura entre los hombres. Y seguranza es otrosí seguridad que se dan los otros hombres que son de menor categoría cuando acaece enemistad entre ellos o se temen unos de otros. Y usan otrosí en algunos lugares de darse fiadores de salvo, que es tanto como tregua o seguridad. Y dícenle tregua porque tiene tres igualdades entre sí; la primera es que por ella son seguras ambas partes de no hacerse mal ni daño de dicho ni de hecho ni de consejo en cuanto la tregua durare; la segunda es que, después que fuere tomada, puédense avenir por sí mismos haciéndose enmienda el uno al otro; la tercera es que si ellos no se acordaren en hacer la enmienda, que la podrá tener el uno del otro, demandándola por justicia, y así caboprende la tregua tres igualdades: lealtad y avenencia y justicia. Y la seguranza dicen así, porque por ella son seguros aquellos entre quienes es puesta mientras durare el plazo que fuere puesto. Y tiene provecho la tregua y la seguranza a aquellos entre quienes son puestas y aquellas cosas y por aquellas mismas razones que antes dijimos.

Ley 4

Paz es fin y acabamiento de la discordia y del desamor que era entre aquellos que la hacen, y porque el desacuerdo y la malquerencia que los hombres tienen entre sí nace de tres cosas: o por homicidio, o por daño o por deshonra que se hacen, o por malas palabras que se dicen los unos a los otros, por ellos queremos aquí mostrar en qué manera debe ser hecha la paz sobre cada uno de estos desacuerdos. Y decimos que cuando algunos se quieren mal por razón de homicidio o de deshonra o de daño, si acaeciese que se acuerden para tener amor de común acuerdo, para ser el amor verdadero conviene que haya en él dos cosas: que se perdonen y se besen, y esto tuvieron por bien los antiguos porque de la abundancia del corazón habla la boca y por las palabras que un hombre dice da testimonio de lo que tiene en la voluntad. Y el beso es señal que quita la enemistad del corazón, pues que dijo que perdonó a aquel al que quería antes mal, y en lugar de la enemistad, que puso en él el amor. Mas cuando la malquerencia viene de malas palabras que se dijeron no por razón de homicidio, si se acordaren para tener su amor de común acuerdo, abunda que se perdonen: y en señal que el perdón es verdadero, débense abrazar. Otrosí decimos que quien quebrantare la paz después que fuere puesta, reteniendo en el corazón la enemistad de la malquerencia que antes tenía, no haciéndolo por ocasión ni por otro yerro que acaeciese entre ellos de nuevo, que debe tener aquella pena misma que tienen aquellos que quebrantan la tregua.

Título 13. De los robos

Ley 1

Rapina en latín tanto quiere decir en romance como robo que los hombres hacen en las cosas ajenas que son muebles y hay tres maneras de robo; la primera es la que hacen los almogávares y los cabalgadores en tiempo de guerra en las cosas de los enemigos de la fe. La segunda es cuando alguno roba a otro lo suyo o lo que llevase ajeno, en poblado o en yermo, no habiendo razón derecha por la que lo debe hacer. La tercera es cuando se enciende o se derriba alguna casa o peligra algún navío, y los que vienen como en manera de ayuda roban o llevan las cosas que hallan allí.

Ley 3

Contra los ladrones es puesta pena en dos maneras. La primera es de pago pues el que roba la cosa tiene que volverla con tres tanto de más que cuanto podría valer la cosa robada; y esta pena puede ser demandada hasta un año desde el día en que el robo fue hecho. Y en este año no se deben contar los días en que no juzgan los jueces, ni los otros en que aquel a quien fue hecho el robo fue impedido por alguna razón derecha, de manera que no pudiese hacer la demanda; mas después que el año pasase, no podría hacer demanda en razón de la pena, comoquiera que la cosa robada con los frutos de ella o la estimación puede demandar siempre al robador o a sus herederos. La otra manera de pena es en razón de escarmiento; y esta tiene lugar contra los hombres de mala fama que roban los caminos o las casas o los lugares ajenos como ladrones.

Título 14. De los hurtos y de los siervos que hurtan a sí mismos huyéndose

Ley 1

Hurto es mala acción que hacen los hombres que toman alguna cosa mueble ajena escondidamente sin placer de su señor, con intención de ganar el señorío o la posesión o el uso de ella. Y si alguno tomase cosa que fuese suya o ajena con placer de aquel cuya es, o cuidando que placería al señor de ella, no haría hurto, porque tomándola no tuvo voluntad de hurtarla. Otrosí decimos que no puede un hombre hurtar cosa que no sea mueble. Y aunque los almogávares entran a hurtar a veces castillos o villas, sin embargo esto no es propiamente hurto.

Ley 2

Dos maneras hay de hurto: la una es a la que dicen manifiesto, y la otra es hurto que hace un hombre escondidamente. Y el manifiesto es cuando hallan a algún ladrón con la cosa hurtada antes que la puede esconder en aquel lugar donde la cuidaba llevar; o hallándolo en la casa donde hizo el hurto, o en la viña con las uvas hurtadas, o en el olivar con las olivas que llevaba a hurto o en otro lugar cualquier que fuese preso o hallado o visto con la cosa hurtada, bien que lo halle con ella aquel a quien la hurtó u otro. Y la otra manera de hurto encubierto es todo hurto que un hombre hace de alguna cosa escondidamente, cuando no es hallado ni visto con ella antes que la esconda.

Ley 18

Los hurtadores pueden ser escarmentados de dos maneras: la una es con pena de pago y la otra es con escarmiento que les hacen en los cuerpos por el hurto o el mal que hacen. Y por ello decimos que si el hurto es manifiesto, que debe volver el ladrón la cosa hurtada o la estimación de ella a aquel a quien la hurtó, aunque sea muerta o perdida; y además débele pagar cuatro tanto como aquello que valía. Y si el hurto fuere hecho encubiertamente, entonces debe dar el ladrón la cosa hurtada o la estimación de ella, y pagarle más dos tanto de cuanto era lo que valía. Otrosí deben los jueces, cuando les fuere demandado en juicio, escarmentar los hurtadores públicamente con heridas de azotes o de otro modo, en manera que sufran pena y vergüenza; mas por razón de hurto no deben matar ni cortar miembro a ninguno fuera que fuese ladrón conocido, que manifiestamente tuviese caminos, o que robase a otros en la mar con navíos armados a quienes dicen corsarios, o si fuesen ladrones que hubiesen entrado por fuerza en las casas o en los lugares de otro para robar con armas o sin ellas; o ladrón que hurtase en alguna iglesia o en otro lugar religioso alguna cosa santa o sagrada, y oficial del rey que tuviese de él algún tesoro en guarda, o que hubiese de recaudar sus tributos o sus derechos, y que hurtase o encubriese de ello a sabiendas, o el juez que hurtase los maravedís del rey o de algún concejo mientras que estuviese en el oficio, pues cualquiera de estos sobredichos a quienes fuere probado que hizo hurto en alguna de estas maneras, debe morir por ello él, y todos cuantos dieron ayuda o consejo a tales ladrones para hacer el hurto o los encubriesen en sus casas o en otros lugares, deben tener aquella misma pena. Pero si el rey o el concejo no demandase el hurto que le había hecho su oficial, desde el día que lo supiese por cierto hasta cinco años, no le podrían después dar muerte por ello, aunque le podría demandar pena de pago de cuatro veces doble.

Título 15. De los daños que los hombres o las bestias hacen en las cosas de otro, de cualquier naturaleza que sean

Ley 1

Daño es empeoramiento o menoscabo o destrucción que un hombre recibe en sí mismo o en sus cosas por culpa de otro. Y hay tres maneras de él: la primera es cuando se empeora la cosa por alguna otra que mezclan con ella o por otro mal que le hacen; la segunda es cuando se mengua por razón del daño que hacen en ella; la tercera es cuando por el daño se pierde o se destruye la cosa del todo.

Ley 23

León y oso u onza o leopardo o lobo cerval o jineta o serpiente u otras bestias que son bravas por naturaleza, teniendo algún hombre en casa, débela guardar y tener presa de manera que no haga daño a ninguno; y si por ventura no la guardase así, e hiciese daño en alguna cosa de otro, débelo pagar doblado el señor de la bestia a aquel que lo recibió. Y si alguna de estas bestias hiciere daño en persona de algún hombre, de manera que lo hiriese, débelo hacer curar el señor de la bestia, comprando las medicinas y pagando el maestro que lo hiciese de lo suyo, y debe cuidar del herido hasta que sea curado, y además de esto débele pagar las obras que perdió desde el día que recibió el daño hasta el día que guareció y aun los menoscabos que hizo en otra manera por razón de aquel daño que recibió de la bestia. Y si aquel que las heridas recibió muriere, debe pagar por ello aquel cuya era la bestia doscientos maravedís de oro, la mitad a los herederos del muerto y la otra mitad a la cámara del rey. Y si por ventura no muriese, mas quedase lisiado de algún miembro, débele hacer enmienda de la lesión, según albedrío del juez del lugar, considerando quién es aquel que recibió el mal y en cual miembro.

Ley 25

Echan los hombres a veces de las casas donde moran de fuera en la calle agua o huesos u otras cosas semejantes, y aunque aquellos que lo echan no lo hiciesen con intención de hacer mal, pues si acaeciese que aquello que así echasen hiciese daño en paños o en ropa de otros, obligados son de pagarlo doblado los que en aquella casa moran.

Ley 26

Cuelgan a veces los hostaleros u otros hombres ante las puertas de sus casas algunas señales para que sean las casa más conocidas por ellas, así como semejanzas de caballo de león o de toro o de otra cosa semejante; y porque aquellas señales que ponen para esto están colgadas sobre las calles por donde andan los hombres, mandamos que aquellos que las ponen allí, que las cuelguen de cadenas de hierro o con otra cosa cualquiera de manera que no puedan caer ni hacer daño.

Ley 27

Raer y afeitar deben los alfajemes a los hombres en lugares apartados y no en las plazas ni en las calles por donde andan las gentes, porque no pueden recibir daño aquellos a quienes afeitaren por alguna ocasión. Pero decimos que si alguno empujase el alfajeme a sabiendas mientras que tuviese en algún hombre las manos afeitándolo, o lo hiriese en las manos con alguna cosa, de manera que el alfajeme matase o hiriese o hiciese algún daño o mal a aquel que afeitaba por aquella razón, obligado es aquel por cuya culpa avino, de hacer enmienda del daño y de recibir pena por la muerte de aquel, bien así como si fuese homicida, mas si la herida o la muerte acaeciese por ocasión, entonces debe haber enmienda del daño aquel por cuya culpa nació la ocasión. Y si por ventura el alfajeme fuese en culpa del daño o de la muerte siendo embriagado cuando afeitaba o sangraba a alguno, o no sabiéndolo hacer se metiese a ello, entonces debe ser escarmentado según albedrío del juez.

Título 16. De los engaños malos y buenos, y de los baratadores

Ley 1

Dolus en latín tanto quiere decir en romance como engaño; y engaño es enartamiento que los hombres hacen unos a otros por palabras mentirosas o encubiertas o coloradas que se dicen con intención de engañar o defraudar; y a este engaño dicen en latín dolus malus, que quiere tanto decir como mal engaño. Y como quiera que los engaños se hagan de muchas maneras, las principales de ellas son dos: la primera es cuando se hace por palabras mentirosas o arteras; la segunda es cuando preguntan a algún hombre sobre alguna cosa; y él calla engañosamente no queriendo responder, y si responde dice palabras encubiertas, de manera que por ellas no se puede un hombre guardar del engaño.

Ley 7

Por ejemplos no podría un hombre contar en cuantas maneras hacen los hombres engaños los unos a los otros, por esto hablaremos de algunos de ellos, según mostraron los sabios antiguos, por los que los hombres puedan tomar apercibimiento para guardarse, y los jueces sean otrosí sabedores para conocerlos y escarmentarlos. Y decimos que engaño hace todo hombre que vende o empeña alguna cosa a sabiendas por oro o plata no siéndolo, u otra cosa cualquiera que fuese de una naturaleza e hiciese creer a aquel que la diese que era de otra mejor. Otrosí decimos que engaño hace todo hombre que mostrase buen oro o buena plata y otra cosa cualquiera para vender, y cuando se hubiere avenido con el comprador sobre el precio de ella, la cambiase a sabiendas, dándole otra peor que aquella que le había mostrado o vendido. Ese mismo engaño hace quienquiera que mostrase alguna buena cosa queriéndola empeñar a otro, si la cambiase otrosí a sabiendas dándole en lugar de aquella otra peor. Otrosí decimos que haría engaño el que empeñase una cosa a un hombre; y después de eso empeñase aquella cosa misma a otro, haciéndole creer que aquella cosa no la había empeñado a ninguno, o si se callase no apercibiéndole a este postrimero como la había obligado al otro, si la cosa no valiese tanto que cumpliese a ambos para haber lo que dieron sobre ella; pero si cumpliese, entonces no sería engaño.

Ley 8

Trabájanse los mercaderes en ganar algo engañosamente y esto es como cuando alguno ha de vender grano o cibera o lana u otra cosa cualquiera semejante de estas, que están en algún saco o en espuerta o en otra cosa semejante, y pone encima por muestra de aquella cosa que vende la mejor, y debajo de aquella mete otra pero de aquella naturaleza de lo que parece por fuera que vende, haciendo creer al comprador que tal es lo que está debajo como lo que aparece por encima. Otrosí decimos que engaño hacen los que venden vino u olio o cera o miel o las otras cosas semejantes, cuando mezclan en aquella cosa que venden alguna otra que vale menos, haciendo creer a los que la compran que es limpia y buena y pura. Y aun hacen engaño los orfebres y los lapidarios que venden las sortijas que son de plata dorada o de latón diciendo que son de oro. Otrosí los que venden los dobletes de cristal o las piedras contrahechas de vidrio por piedras preciosas.

Ley 10

Juegos engañosos hacen a veces hombres con los que engañan a los mozos y a los hombres necios de las aldeas, así como cuando juegan a la correhuela con ellos, o con dados falsos o en otras maneras semejantes de estas, haciéndolo con engaño. Y otros hay que traen serpientes y échanlas imprevistamente entre los hombres en los mercados y en las ferias, y hacen espantar con ellas a los hombres y a las mujeres, de manera que les hacen huir y desamparar sus mercadurías y sus cosas, y traen sus ladrones consigo, que entre tanto que están mirando los hombres aquellas serpientes, húrtanles sus cosas. Y otros hay aun que a sabiendas hacen semejanza que pelean y sacan cuchillos unos contra otros, o peléanse los hombres y las mujeres de manera que los compañeros que andan con ellos, que son de su habla y sabedores de aquel engaño, hurtan y arrebatan muchas cosas a los hombres que se aciertan en aquel lugar. Y aún hay otros que toman el pan caliente o recién cocido y métenlo todo entero en el más bermejo vinagre que hallan, y entonces pónenlo a secar, y cuando es bien seco van a las aldeas y hacen muestra a los hombres que son hombres religiosos y santos, y meten aquel pan en el agua antes los necios y tíñese de la bermejez del vinagre, y hacen creer a los hombres con este engaño que el agua se torna vino por la virtud de ellos y embáucanlos de manera que les dan muchas cosas, y a veces fíanse de ellos cuidando que son santos y buenos y llévanlos a sus casas y húrtanles todo cuanto les pueden hurtar.

Título 17. De los adulterios

Uno de los mayores yerros que los hombres pueden hacer es adulterio, de lo que no se les levanta tan solamente daño, mas aun deshonra.

Ley 1

Adulterio es yerro que un hombre hace yaciendo a sabiendas con mujer que es casada o desposada con otro; y tomó este nombre de dos palabras de latín alterius y torus, que quiere tanto decir en romance como lecho de otro, porque la mujer es contada por lecho de su marido, y no él de ella. Y por ellos dijeron los sabios antiguos que aunque un hombre que es casado yaciese con otra mujer y aunque ella hubiese marido, que no le puede acusar su mujer ante el juez seglar por tal razón. Y esto tuvieron por derecho los sabios antiguos por muchas razones: la una porque del adulterio que hace el varón con otra mujer no nace daño ni deshonra a la suya; la otra porque del adulterio que hiciese su mujer con otro, queda el marido deshonrado recibiendo la mujer a otro en su lecho, y además porque del adulterio que hiciese ella puede venir al marido muy gran daño, pues si se empreñase de aquel con quien hizo el adulterio, vendría el hijo extraño, heredero en uno con sus hijos, lo que no ocurriría a la mujer del adulterio que el marido hiciese con otra. Y por ello, pues que los daños y deshonras no son iguales, conveniente cosa es que el marido tenga esta mejoría, que pueda acusar a su mujer de adulterio si lo hiciere, y ella no a él, y esto fue establecido por las leyes antiguas, aunque según juicio de la santa iglesia no sería así.

Ley 2

Mujer casada haciendo adulterio, en tanto que el marido la tuviere por su mujer y que el casamiento no fuere disuelto, no la puede otro ninguno acusar sino su marido o el padre de ella o su hermano o su tío hermano de su padre o de su madre, porque no debe ser denostado el casamiento de tal mujer por acusación de un hombre extraño, pues que el marido y los otros parientes sobredichos de ella quisieren consentir, y sufrir y callar su deshonra.

Ley 12

Sospechando algún hombre que su mujer hiciese adulterio con otro o que se trabajaba por hacerlo, debe el marido afrontar por escrito ante hombres buenos a aquel contra quien sospecha, prohibiéndole que entre o se aparte en ninguna casa ni en otro lugar con ella, ni le diga ninguna cosa porque tenga sospecha contra él que se trabaja por hacerle deshonra, y esto le debe decir tres veces. Y si por ventura por tal afrenta como esta no se quisiere corregir, si el marido hallare después de eso a aquel hombre con ella en alguna casa o en lugar apartado, si lo matare, no debe por ello recibir pena ninguna. Y si por ventura lo hallare con ella en alguna calle o carrera, debe llamar tres testigos y decirles así: «hago afrenta de vos de como habla fulano con mi mujer contra mi prohibición», y entonces débelo prender, si pudiere darlo al juez, y si no lo pudiera prender, débelo decir al juez del lugar y pedirle de derecho que lo recaude, y el juez débelo hacer, y si hallare en verdad que habló con ella después que le fue prohibido así como sobredicho es, débele dar pena de adulterio tanto como si fuere acusado y vencido de ello. Y aun decimos que si el marido lo hallase hablando con ella en la iglesia después que se lo hubiese prohibido, que entonces no lo debe él prender, mas el obispo o los clérigos del lugar lo deben dar en poder del juez a la demanda del marido, para que sea tomada venganza de aquel que este yerro hace.

Ley 13

El marido que hallare a algún hombre vil en su casa o en otro lugar yaciendo con su mujer, puédelo matar sin pena ninguna, aunque no le hubiese hecho la afrenta que dijimos en la ley antes de esta. Pero no debe matar a la mujer, mas debe hacer afrenta ante hombres buenos de como la halló, y después meterla en mano del juez y que haga de ella la justicia que la ley manda. Pero si este hombre vil fuere tal a quien el marido de la mujer deba guardar y hacer reverencia, como si fuese su señor u hombre que lo hubiera hecho libre, o si fuese otro hombre honrado y de gran lugar, no le debe matar por ello, mas débele hacer afrenta de como lo halló con su mujer, y acusarle de ello ante el juez del lugar, y el juez, después que supiere la verdad, puédele dar pena de adulterio.

Ley 15

Acusado siendo algún hombre que había hecho adulterio, si le fuere probado que lo hizo, debe morir por ello, mas la mujer que hiciese el adulterio, aunque le fuese probado en juicio, debe ser castigada y herida públicamente con azotes y puesta y encerrada después en algún monasterio de dueñas; y además de esto debe perder la dote y las arras que le fueron dadas por razón del casamiento y deben ser del marido. Pero si el marido la quisiese perdonar después de esto, puédelo hacer hasta dos años. Y si por ventura no la quisiese perdonar, o se muriese él antes de los dos años, entonces debe ella recibir el hábito del monasterio y servir en él a Dios para siempre como las otras monjas.

Título 19. De los que yacen con mujeres de orden o con viuda que viva honestamente en su casa o con vírgenes, por halaga o por engaño, no haciéndole fuerza

Castidad es una virtud que ama Dios y deben amar los hombres y según dijeron los sabios antiguos tan noble y tan poderosa en su bondad, que ella sola cumple para presentar las almas de los hombres y de las mujeres castas a Dios; y por ello yerran muy gravemente aquellos que corrompen las mujeres que viven de esta manera en religión o en sus casas, teniendo viudedad o siendo vírgenes.

Ley 1

Gravemente yerran los hombres que hacen por corromper las mujeres religiosas, porque ellas son apartadas de todos los vicios y de los sabores de este mundo, y se encierran en los monasterios para hacer áspera vida con intención de servir a Dios. Otrosí decimos que hacen muy gran maldad aquellos que sonsacan por halago o de otra manera a las mujeres vírgenes o a las viudas que son de buena fama y viven honestamente, y mayormente cuando son huéspedes en las casa de sus padres o de ellas, o los que hacen esto estando en casa de sus amigos. Y no se puede excusar el que yaciese con alguna de ellas que no hizo muy gran yerro, aunque diga que lo hizo con su placer de ella no haciéndole fuerza es sonsacar y halagar las mujeres sobredichas con promesas vanas, haciéndoles hacer enemiga de sus cuerpos, a las que las traiciones en esta manera más pronto que no harían si les hiciesen fuerza.

Título 20. De los que fuerzan o llevan raptadas vírgenes o las mujeres de orden o las viudas que viven honestamente

Ley 1

Forzar o robar mujer virgen, casada o religioso o viuda que viva honestamente en su casa, es yerro y maldad muy grande; y esto es por dos razones: la primera es porque la fuerza es hecha contra personas que viven honestamente a servicio de Dios y por bienestar del mundo; la otra es que hacen muy gran deshonra a los parientes de la mujer forzada, y además hacen muy gran atrevimiento contra el señorío, forzándola en menosprecio del señor de la tierra donde es hecho.

Ley 3

Raptando algún hombre mujer virgen o viuda de buena fama o casada o religiosa, o yaciendo con alguna de ellas por fuerza, si le fuere probado en juicio, debe morir por ello, y además deben ser todos sus bienes de la mujer que así hubiere robado o forzado, fuera de si después de eso ella casase de su grado con aquel que la forzó o robó, no habiendo otro marido; y entonces la mujer forzada, si ellos no consintieron en la fuerza ni en el casamiento; y si probado les fuere que habían consentido en ello, entonces los bienes del forzador deben ser del padre y de la madre de la mujer forzada, si ellos no consintieron en la fuerza ni en el casamiento; y si probado les fuere que habían consentido en ello, entonces deben ser todos los bienes del forzador de la cámara del rey; pero de estos bienes deben ser sacadas las arras y las dotes de la mujer del que hizo la fuerza y otrosí las deudas que había hecho hasta aquel día en que fue dado el juicio contra él. Y si la mujer que así hubiese forzado o robado fuese monja o religiosa, entonces todos los bienes del forzador deben ser del monasterio de donde la sacó.

Título 22. De los alcahuetes

Ley 1

Leno, en latín, tanto quiere decir en romance como alcahuete que engaña a las mujeres sonsacándolas y haciéndoles hacer maldad de sus cuerpos. Y son cinco maneras de alcahuetes, la primera es de los bellacos malos que guardan las putas que están públicamente en la putería, tomando su parte de los que ellas ganan, la segunda es de los que andan por trujamanes que de ellos reciben; la tercera es cuando los hombres crían en sus casas cautivas u otras mozas a sabiendas porque hagan maldad de sus cuerpos, tomando de ellas lo que así ganaren, la cuarta es cuando algún hombre es tan vil que él mismo alcahuetea a su mujer; la quinta es si alguno consiente que alguna mujer casada u otra de buen lugar haga fornicio en su casa por algo que le den, aunque no ande él por trujamán entre ellos. Y nace muy gran daño de estos tales pues, por la maldad de ellos, muchas mujeres que son buenas se vuelven malas, y aun las que hubiesen comenzado a errar, hácense por el bullicio de ellos peores. Y además yerran los alcahuetes en sí mismo andando en estas malas hablas, y hacen errar a las mujeres aduciéndolas a hacer maldad de sus cuerpos, y quedan después deshonradas por ello. Y aun decimos que, sin todo esto, levántase por los hechos de ellos desacuerdos y muchas peleas y muertes de hombres.

Ley 2

A los alcahuetes puédenlos acusar cada uno del pueblo ante los jueces de los lugares donde hacen estos yerros y después que les fuere probada la alcahuetería, si fueren bellacos, débenlos echar fuera de la villa, a ellos y a las putas. Y si alguna alquilase sus casas a sabiendas a mujeres malas para hacer en ellas putería, debe perder la casa y ser de la cámara del rey; y además, débele pagar diez libras de oro. Otrosí decimos que los crían en sus casas cautivas u otras mozas para hacer mal de sus cuerpos por dineros que toman de las ganancias de ellas, que si fueren cautivas, deben ser libres y si fueren otras mujeres libres aquellas que así criaren y tomaren precio de la putería que les hicieren hacer, débelas casar aquel que las metió en hacer tal yerro, y darles en dote tanto de lo suyo de los que puedan vivir; y si no quisieren no tuvieren con que hacerlo, deben morir por ellos; otrosí decimos que cualquier que alcahuetease a su mujer debe morir por ello. Esa misma pena debe hacer el que alcahuetea a otra mujer casa o virgen o religiosa o viuda de buena fama por algo que le diesen o le prometiesen dar. Y lo que dijimos en este título de los alcahuetes, aplíquese otrosí a las mujeres que trabajan en hecho de hacer alcahuetería.

Título 23. De los agoreros y de los sorteros y de los otros adivinos y de los hechiceros y de los truhanes

Ley 1

Adivinanza tanto quiere decir como querer tomar poder de Dios para saber las cosas que son por venir. Y hay dos maneras de adivinanza: la primera es la que se hace por arte de astronomía que es una de las siete artes liberales; y esta, según el fuero de las leyes, no se prohibe usarla a los que son en ella maestros y la entienden verdaderamente, porque los juicios y estimaciones que se dan por esta arte, son sacadas del curso natural de los planetas y de las otras estrellas, y tomados de los libros de Tolomeo y de los otros sabios que se afanaron en esta ciencia; mas los otros que no son en ella sabios no deben obrar por ella, aunque se puedan esforzar en aprenderla estudiando en los libros de los sabios. La segunda manera de adivinanza es la de los agoreros y de los sorteros y de los hechiceros que sacan el agüero de aves o de estornudos o de palabras, a las que llaman proverbios, o echan suertes o miran en agua o en cristal o en espejo o en espada o en otra cosa luciente, o hacen hechizos en metal o de cosa cualquiera, o adivinan en cabeza de hombre muerto o de bestia o de perro, o en palma de niño o de mujer virgen. Y estos truhanes tales y todos los otros semejantes de ellos, porque son hombres dañosos y engañadores, y nacen de sus hechos muy grandes daños y males a la tierra, prohibimos que ninguno de ellos no more en nuestro señorío ni use allí de estas cosas, y otrosí que ninguno sea osado del acogerlos en sus casas ni de encubrirlos.

Ley 2

Nigromancia, dicen en latín a un saber extraño que es para encantar los espíritus malos. Y porque de los hombres que se esfuerzan por hacer esto viene muy gran daño a la tierra y señaladamente a los que creen y les demandan alguna cosa en esta razón, acaeciéndoles muchas ocasiones por el espanto que reciben andando de noche buscando estas cosas tales en los lugares extraños, de manera que algunos de ellos mueren, o quedan locos o endemoniados, por ello prohibimos que ninguno sea osado de querer usar tal enemiga como esta, porque es cosa que pesa a Dios y viene de ello muy gran daño a los hombres. Otrosí prohibimos que ninguno sea osado de hacer imágenes de cera ni de metal ni otros hechizos malos para enamorar los hombres con las mujeres, ni para partir el amor que algunos tuviesen entre sí. Y aun prohibimos que ninguno no sea osado de dar hierbas ni brebaje a hombre o a mujer por razón de enamoramiento, porque acaece a veces que de estos brebajes tales vienen a muerte los que los toman, o pasan grandes enfermedades de las que quedan dañados para siempre.

Título 24. De los judíos

Judíos son una manera de hombres que, aunque no creen en la fe de nuestro señor Jesucristo, sin embargo los grandes señores cristianos siempre sufrieron que viviesen en entre ellos. De donde, pues que en el título antes de este hablamos de los adivinos y de los otros hombres que tienen que saben las cosas que han de venir, que es como manera de desprecio de Dios, queremos aquí decir de los judíos que contradicen y denuestan su hecho maravilloso y santo que Él hizo cuando envió a su hijo para salvar a los pecadores.

Ley 1

Judío es dicho aquel que cree y tiene la ley de Moisés según suena la letra de ella que se circuncida y hace las otras cosas que manda esa ley suya, y tomó este nombre de la tribu de Judá, que fue más noble y más esforzada que todas las otras tribus. Y además tenía otra mejoría, que de aquella tribu habían de elegir rey de los judíos. Y otrosí en las batallas los de aquella tribu tuvieron siempre las primeras heridas. Y la razón por la que la Iglesia y los emperadores y los reyes y los otros príncipes sufrieron a los judíos vivir entre los cristianos es esta: porque ellos viviesen como en cautiverio para siempre y fuesen memoria a los hombres que ellos vienen de linaje de aquellos que crucificaron a Jesucristo.

Ley 2

Mansamente y sin mal bullicio deben hacer vida los judíos entre los cristianos, guardando su ley y no diciendo mal de la fe de nuestro señor Jesucristo que guardan los cristianos. Otrosí se deben mucho guardar de no predicar ni convertir a ningún cristiano que se torne judío alabando su ley y denostando la nuestra. Y cualquiera que contra esto hiciere debe morir por ellos y perder lo que tenga. Y porque oímos decir que en algunos lugares los judíos hicieron y hacen el día del Viernes santo memoria de la pasión de nuestro señor Jesucristo en manera de escarnio, hurtando los niños y poniéndolos en cruz o haciendo imágenes de cera y crucificándolas cuando los niños no pueden tener, mandamos, que si fama fuere de aquí en adelante que en algún lugar de nuestro señorío tal cosa sea hecha, si se pudiere averiguar, que todos aquellos que se acertaren en aquel hecho que sean presos y recaudados y conducidos hasta el rey, y después que él supiere la verdad, débelos mandar matar vilmente a cuantos quiera que sean. Otrosí prohibimos que el día del Viernes santo ningún judío no sea osado de salir de su barrio, mas que estén allí encerrados hasta el sábado en la mañana. Y si contra esto hicieren, decimos que del daño y de la deshonra que de los cristianos recibiesen, entonces no deben tener ninguna enmienda.

Ley 3

Antiguamente los judíos fueron muy honrados y tenían muy gran privilegio sobre todas las otras gentes, pues ellos tan solamente eran llamados pueblo de Dios. Mas porque ellos fueron desconocedores de aquel que los había honrado y privilegiado y en lugar de hacerle honra, deshonráronlo, dándole muy vil muerte en la cruz, conveniente cosa fue y derecha que por tan gran yerro perdiesen por ello los privilegios que tenían, de manera que ningún judío nunca tuviese jamás lugar honrado ni oficio público con que él pudiese apremiar a ningún cristiano en ninguna manera.

Ley 4

Sinagoga es lugar donde los judíos hacen oración y tal casa como esta no pueden hacer nuevamente en ningún lugar de nuestro señorío, a menos de nuestro mandato. Pero las que había antiguamente, si acaeciese que se derribasen, puédenlas reparar o hacer en aquel mismo suelo así como antes estaban, no alargándolas más ni alzándolas ni haciéndolas pintar. Y la sinagoga que de otro manera fuese hecha, débenla perder los judíos y ser de la iglesia mayor del lugar donde la hicieren. Y porque la sinagoga es casa en donde se loa el nombre de Dios, prohibimos que ningún cristiano no sea osado de quebrantarla ni de sacar de allí, ni de tomar ninguna cosa por fuerza, fuera de sí algún hombre malhechor se acogiese a ella, pues a este tal, bien lo pueden pretender por fuerza para llevarlo delante de la justicia. Otrosí prohibimos que los cristianos no metan bestias ni posen en ellas ni hagan embargo a los judíos mientras estuvieren haciendo oración según su ley.

Ley 5

Sábado es día en que los judíos hacen sus oraciones y están quietos en sus posadas y no trabajan en hacer merca ni pleito ninguno. Y porque tal día como este son ellos obligados a guardar según su ley, no los debe ningún hombre emplazar ni traer a juicio en él. Y por ello mandamos que ningún juez apremie ni constriña a los judíos en el día del sábado para traerlos a juicio por razón de deudas, ni los prenda ni les haga otro agravio ninguno en tal día, pues bastante abundan los otros días de la semana para constreñirlos y demandarles las cosas que según derecho les deben demandar. Y el emplazamiento que les hiciesen para tal día no están obligados los judíos a responder. Y otrosí sentencia que diesen contra ellos en tal día, mandamos que no valga. Pero si algún judío hiriese o matase o hurtase o robase o hiciese algún otro yerro semejante de estos por el que mereciese recibir pena en el cuerpo o en el haber, entonces los jueces bien lo pueden recaudar en el día del sábado. Otrosí decimos que todas las demandas que hubieren los cristianos contra los judíos y los judíos contra los cristianos, que sean libradas y determinadas por nuestros jueces de los lugares donde moraren y no por los viejos de ellos. Y bien así como prohibimos que los cristianos no pueda traer a juicio ni agraviar a los judíos en el día del sábado, otrosí decimos que los judíos, ni por sí ni por sus personeros no puedan traer a juicio ni agraviar a los cristianos en ese mismo día.

Ley 6

Fuerza ni apremio no deben hacer en ningún modo a ningún judío porque se torne cristiano, mas con buenos ejemplos y con los dichos de las Santas Escrituras y con halagos los deben los cristianos convertir a la fe de Jesucristo, pues nuestro señor no quiere ni ama servicio que le sea hecho por apremio. Otrosí decimos que si algún judío o judía de su grado se quisiere tornar cristiano o cristiana, no se lo deben impedir ni prohibir los otros judíos en ninguna manera. Y si algunos de ellos lo apedreasen o lo hiriesen o lo matase porque se quisiere hacer cristiano, o después que fuese bautizado, si esto se pudiere averiguar, mandamos que todos los que lo matasen y los consejeros de tal muerte o apedreamiento sean quemados. Y si por ventura no lo matasen, mas lo hiriesen o lo deshonrasen, mandamos que los jueces del lugar donde acaeciere apremien a los que los hiriesen o hiciesen la deshonra de manera que les hagan hacer enmienda por ello. Y además, que les den pena por ello según entendieren que merecen recibirla por el yerro que hicieron. Otrosí mandamos que después que algunos judíos se tornasen cristianos, que todos los de nuestro señorío los honren, y ninguno sea osado de retraer a ellos ni a su linaje de como fueron judíos en manera de denuesto. Y que tenga sus bienes y sus cosas partiendo con sus hermanos y heredando a sus padres y a los otros parientes suyos bien así como si fuesen judíos. Y que puedan tener todos los oficios y las honras que tienen los otros cristianos.

Ley 7

Tan malandante siendo algún cristiano que se tornase judío, mandamos que lo maten por ello, bien así como si se tornase hereje.

Ley 8

Prohibición es que ningún judío sea osado de tener su casa cristiano ni cristiana para servirse de ellos, aunque los puedan tener para labrar y enderezar sus heredades de fuera o para guiarlos en camino cuando hubiesen de ir por algún lugar dudoso. Otrosí prohibimos que ningún cristiano ni cristiana convide a judío ni a judía ni reciba otrosí convite de ellos para comer ni beber juntos, ni beba del vino que es hecho por mano de ellos. Y aun mandamos que ningún judío sea osado de bañarse en baño junto con los cristianos. Otrosí prohibimos que ningún cristiano reciba medicina ni purga que sea hecha por mano de judío, pero bien la puede recibir por consejo de algún judío sabedor, solamente que sea hecha por mano de cristiano que conozca y entienda las cosas que hay en ella.

Ley 9

Atrevimiento y osadía muy grande hacen los judíos que yacen con las cristianas. Y por ello mandamos que todos los judíos contra quienes fuere probado de aquí en adelante que tal cosa hayan hecho, que mueran por ello; y si los cristianos que hacen adulterio con las mujeres casadas merecen por ello muerte, mucho más la merecen los judíos que yacen con las cristianas, que son espiritualmente esposas de Jesucristo por la razón de la fe del bautismo que recibieron en nombre de él. Y la cristiana que tal yerro como este hiciere, no tenemos por bien que quede sin pena. Y por ello mandamos que si fuere virgen o casada o viuda o mujer baldonada que se dé a todos, que tenga aquella misma pena que en la postrimera ley del título de los moros que debe tener la cristiana que yaciera con moro.

Ley 10

Comprar ni tener no deben los judíos por sus siervos hombre ni mujer que fuesen cristianos. Y si alguno contra esto hiciere, debe el cristiano ser vuelto a su libertad y no debe pagar ninguna cosa del precio que fue dado por él, aunque el judío no supiese, cuando lo compró que era cristiano. Mas si supiese el judío que lo era cuando lo compró y se sirviese después de él como de siervo, debe el judío morir por ello. Otrosí prohibimos que ningún judío sea osado de tornar judío su cautivo ni su cautiva, aunque sean moros o moras u otra gente bárbara. Y si alguno contra esto hiciere, el siervo o la sierva a los que tornare judío o judía, mandamos que sea luego por ello libre y sacado del poder de aquel o de aquella cuyo era. Y si por ventura algunos moros que fuesen cautivos de judíos se tornasen cristianos, deben ser luego libres por ello.

Ley 11

Muchos yerros y cosas desaguisadas acaecen entre los cristianos y las judías y las cristianas y los judíos porque viven y moran juntos en las villas y andan vestidos los unos así como los otros. Y por desviar los yerros y los males que podrían acaecer por esta razón, tenemos por bien y mandamos que todos cuantos judíos y judías vivieren en nuestro señorío, que traigan alguna señal cierta sobre sus cabezas, y que sea tal por la que conozcan las gentes manifiestamente cuál es judío o judía. Y si algún judío no llevase aquella señal, mandamos que pague por cada vez que fuese hallado sin ella

10 maravedís de oro. Y si no tuviese de qué pagarlos, reciba diez azotes públicamente por ello.

Título 25. De los moros

Moros son una manera de gente que cree que Mahoma fue profeta y mandadero de Dios. Y porque las obras y los hechos que él hizo muestran de él tan gran santidad porque a tan santo estado puede llegar, por eso su ley es como denuesto de Dios. De donde, pues que en el título antes de este hablamos de los judíos y de su ciega porfía que tienen contra la verdadera creencia, queremos aquí decir de los moros y de su necedad en que creen y por la que se cuidan salvar.

Ley 1

Sarracenus en latín tanto quiere decir en romance como moro. Y tomó este nombre de Sarra, «Sara», que fue mujer libre de Abraham, aunque el linaje de los moros no descendiese de ella, mas de Agar que fue sirvienta de Abraham. Y hay dos maneras de moros: la una es la de los que no creen en el nuevo ni en el viejo Testamento, y la otra es la de los que recibieron los cinco libros de Moisés, mas desecharon los profetas, y no los quisieron creer. Y estos tales son llamados samaritanos, porque se levantaron primeramente en una ciudad que tiene nombre Samaria, y de estos se habla en el Evangelio donde dicen que no deben vivir ni usar en uno los judíos con los samaritanos. Y decimos que deben vivir los moros entre los cristianos en aquella misma manera que dijimos en el título antes de este que lo deben hacer los judíos: guardando su ley y no denostando la nuestra. Por esto en las villas de los cristianos no deben tener los moros mezquitas ni hacer sacrificios públicamente ante los hombres. Y las mezquitas que tenían antiguamente deben ser del rey, y puédelas él dar a quien quisiere. Y comoquiera que los moros no tengan buena ley, sin embargo mientras vivieren entre los cristianos, en seguridad de ellos no les deben tomar ni robar lo suyo por fuerza. Y cualquiera que esto hiciere, mandamos que peche doblado todo lo que les así tomaren.

Ley 2

Por buenas palabras y convenibles predicaciones deben trabajar los cristianos en convertir a los moros para hacerles creer nuestra fe y para conducirlos a ella, y no por fuerza ni por apremios, pues voluntad fuese de nuestro Dios de conducirlos a ella o de hacérsela creer por fuerza, él los apremiaría, que tiene poder acabado de hacerlo, mas. Él no se paga del servicio que le hacen los hombres contra su voluntad, sino de aquel que le hacen de su grado y sin apremio ninguno, y pues que él no les quiere apremiar ni forzar, por esto prohibimos que ninguno los apremie ni les haga fuerza ninguna sobre esta razón. Y si por ventura algunos de ellos de su voluntad les naciere que quieran ser cristianos, prohibimos otrosí que ninguno sea osado de vedárselo, ni se lo contraerían en ninguna manera, y si alguno contra esto hiciere, debe recibir aquella pena que dijimos en el título antes de este, en la ley que habla de como deben ser escarmentados los judíos que matan o estorban a los de su ley que se tornan cristianos.

Ley 3

Viven y mueren muchos hombres en las creencias extrañas que amarían ser cristianos, sino por las vilezas y las deshonras que ven recibir de palabra y de hecho a los otros que se tornan cristianos, llamándolos tornadizos, echándoles en cara otras muchas maneras de denuestos, y tenemos que los que esto hacen yerran en ello malamente, porque todos deben honrar a estos tales por muchas razones, y no deshonrarlos, lo uno es porque dejan aquella creencia en que nacieron ellos y su linaje; y lo otro porque desde que tienen entendimiento conocen la mejoría de nuestra fe y recíbenla y apártanse de su padre y de su madre y de los otros sus parientes y de la vida que habían acostumbrado a hacer, y de todas las otras cosas en que reciben placer. Y por estas deshonras que reciben, tales hay de ellos que después que han recibido nuestra fe y son hechos cristianos, arrepiéntense y desampáranla, cegándoseles los corazones por los denuestos y vilezas que reciben. Y por ello mandamos que todos los cristianos y cristianas de nuestro señorío hagan la honra y bien en todas las maneras que pudieren a todos aquellos que de las creencias extrañas vinieren a nuestra fe.

Ley 4

Ensandecen a veces los hombres que los hay que pierden el seso y el verdadero conocimiento; como hombres de mala ventura y, desesperados de todo bien, reniegan de la fe de Jesucristo y tórnanse moros. Y tales hay de estos que se mueven a hacer esto por saber que tienen por vivir a su guisa, o por pérdidas que les vienen de parientes que les matan o se les mueren, o porque pierden lo que tenían y quedan pobres, o por malos hechos que hacen, temiendo la pena que merecen recibir por razón de ellos. Y por cualquiera de estas maneras sobredichas o de otras semejantes de ellas que se mueven a hacer tal cosa como esta, hacen muy gran maldad y muy gran traición, y por ninguna pérdida ni pesar que les viniese, ni por ganancia ni por riqueza en la vida de este mundo, no deben renegar de la fe de Jesucristo, por la cual son salvos y tendrán vida perdurable para siempre.

Ley 5

Apóstata en latín tanto quiere decir en romance como cristiano que se hizo judío o moro, y después se arrepintió y se tornó a la fe de los cristianos; y porque tal hombre como este es falso y escarnecedor de las leyes, no debe quedar sin pena aunque se arrepienta. Y dijeron los sabios antiguos que debe ser infamado para siempre, de manera que su testimonio nunca sea considerado, ni puede tener oficio ni lugar honrado, ni puede hacer testamento ni ser establecido por heredero de otro en ninguna manera.

Ley 9

Mensajeros vienen a veces de tierra de moros y de otras partes a la corte del rey, y aunque vengan de tierra de los enemigos por mandado de ellos, tenemos por bien y mandamos que todo mensajero que venga a nuestra tierra, bien sea cristiano o moro o judío, que venga y vaya salvo y seguro por todo nuestro señorío: prohibimos que ninguno sea osado de hacerle fuerza ni tuerto ni mal ninguno a él ni a sus cosas.

Ley 10

Si el moro yaciere con cristiana virgen, mandamos que lo apedreen por ello, y ella por la primera vez que lo hiciere, pierda la mitad de sus bienes, y herédelo el padre o la madre de ella, o el abuelo o la abuela si los hubiere, y sino los hubiere, téngalos el rey. Y por la segunda pierda todo cuanto hubiere y herédenlo los sobredichos herederos si los hubiere; y si no los hubiere, herédelos el rey, y ella muera por ello; eso mismo mandamos de la viuda que esto hiciere. Y si lo hiciere con cristiana casada, sea apedreado por ello y ella sea metida en poder de su marido, que la queme o la suelte o haga de ella lo que quisiere. Y si yaciere con mujer baldonada, que se dé a todos, por la primera vez azótenlos juntos por la villa y por la segunda vez, que mueran por ello.

Título 26. De los herejes

Herejes son una manera de gente loca que se esfuerza por escatimar las palabras de Jesucristo, y darles otro entendimiento distinto de aquel que los padres santos le dieron y que la iglesia de Roma cree y manda guardar.

Ley 1

Haeresis en latín quiere decir en romance como apartamiento y tomó este nombre hereje porque es apartado de la fe católica de los cristianos. Y comoquiera que sean muchas las sectas y maneras de herejes, hay dos que son las principales: La primera es toda creencia que un hombre tiene que se desacuerda de aquella fe verdadera que la iglesia de Roma manda tener y guardar. La segunda es descreencia que tienen algunos hombres malos y descreídos, que creen que el alma se muere con el cuerpo, y que del bien y del mal que un hombre hace en este mundo no habrá galardón ni pena en el otro mundo, y los que esto creen son peores que bestias.

Ley 2

Los herejes pueden ser acusados por cada uno del pueblo delante de los obispos o de los vicarios que tienen en sus lugares, y ellos los deben examinar y exprobar en los artículos y en los sacramentos de la fe; y si hallaren que yerran en ellos o en alguna de las otras cosas que la iglesia de Roma manda guardar y creer, entonces deben esforzarse por convertirlos y por sacarlos de aquel yerro por buenas razones y mansas palabras. Y si se quisieren tornar a la fe y creerla, después que fueren reconciliados, débenlos perdonar. Y si por ventura no se quisieren apartar de su porfía, débenlos juzgar por herejes, y darlos después a los jueces seglares, y ellos débenles dar pena en esta manera: que si fuere el hereje predicador, al que dicen consolado, débenlo quemar en el fuego de manera que muera en él. Esa misma pena decimos que deben tener los descreídos que dijimos en la ley antes de esta, que no creen recibir galardón ni pena en el otro siglo.

Ley 4

Dignidad ni oficio público no debe tener el que fuere juzgado por hereje, y por ello no puede ser papa ni cardenal ni patriarca ni arzobispo ni obispo ni puede tener ninguna de las otras honras y dignidades que pertenecen a la iglesia. Otrosí decimos que el que fuese no puede ser emperador ni rey ni conde ni duque ni debe tener ningún oficio ni lugar honrado de aquellos que pertenecen a señorío seglar. Y aun decimos que si fuere probado contra alguno que es hereje, que debe perder por ello la dignidad que antes tenía, y además, les es prohibido por las leyes antiguas que no puedan hacer testamento, fuera de que quisieren dejar en él sus bienes a sus hijos católicos.

Título 27. De los desesperados que se matan a sí mismos o a otros por algo que les dan y de los bienes de ellos

Ley 1

Desesperamiento es cuando un hombre pierde la confianza y se desespera de los bienes de este mundo y del otro, aborreciendo su vida y codiciando la muerte. Y hay cinco maneras de hombres desesperados: la primera es cuando alguno ha hecho grandes yerros, que, siendo acusado de ellos, con miedo de la pena y con vergüenza que espera tener por ellos, mátase él mismo con sus manos o bebe hierbas a sabiendas con que muera. La segunda es cuando alguno se mata por gran cuita o por gran dolor de enfermedad que le acaece, no pudiendo sufrir las penas de ella. La tercera es cuando lo hace con locura o con saña. La cuarta es cuando alguno que es rico y poderoso y honrado, viendo que lo desheredan o lo han desheredado o le hacen perder la honra y el poderío que antes tenía, desespérase, metiéndose a peligro de muerte o matándose él mismo. La quinta es la de los asesinos y de los otros traidores, que matan a hurto a los hombres por algo que les dan.

Ley 3

Asesinos son llamados una manera que hay de hombres desesperado y malos, que matan a los hombres a traición de manera que no se pueden de ellos guardar; y tales hay de ellos que andan vestidos como religiosos y otros como peregrinos, y otros que andan como en manera de labradores, y lléganse a hablar con los hombres porque se aseguran en ellos y andan muy encubiertamente en estas maneras sobredichas y en otras semejantes de ellas, porque puedan cumplir su traición y su maldad que tienen en corazón de hacer.

Título 28. De los que denuestan a Dios y a Santa María y los otros santos

Denuesto es cosa que se dicen los hombres unos a otros con despecho, queriendo luego tomar venganza por palabra.

Ley 2

Los hombres, cuanto son de mejor linaje y de más noble sangre, tanto deben ser más mesurados y más apercibidos para guardarse de yerro, pues los hombres del mundo a quienes más conviene ser apuestos en sus palabras y en sus hechos, ellos son, por cuanto Dios más honra y bien les hizo, y cuanto más honrados son y mejor lugar tienen, tanto peor les está el yerro que hacen. Y por eso mandamos que si algún ricohombre de nuestro señorío denostase a Dios o a santa María, que por la primera vez pierda la tierra que tuviere por un año, y por la segunda, piérdala por dos años, y por la tercera piérdala de llano.

Ley 6

Como quiera que no se debe apremiar a los moros ni a los judíos para creer en la fe de los cristianos, con todo eso no tenemos por bien que ninguno de ellos sea osado ni atrevido en ninguna manera de denostar a Dios ni a santa María ni a ninguno de los otros santos que son otorgados por la iglesia de Roma, pues si los moros prohíben, en todos los lugares donde tienen poder sobre los cristianos, que no denuesten a Mahoma ni digan mal de su creencia, y los azotan por esta razón, y les hacen mal en muchas maneras y los descabezan, mucho más conveniente cosa es que se lo prohibamos a ellos y a los otros que no creen en nuestra fe, que no osen ser atrevidos de decir de ella mal ni de denostarla.

Título 29. De cómo deben ser recaudados y guardados los presos

Recaudados deben ser los que fueren acusados de tales yerros que si se los probasen, que deben tomar muerte por ello o ser dañados en algunos de sus miembros, y no deben ser estos tales dados por fiadores, porque si después ellos entendiesen que el yerro les era probado, con miedo de recibir muerte o daño por ellos, huirían de la tierra, o se esconderían de manera que no los podrían hallar para cumplir en ellas la justicia que deben haber.

Ley 15

Atrevidos son a veces los hombres a hacer por sí, sin mandado del rey, cárceles en sus casas o en sus lugares para tener los hombres presos en ellas; y esto tenemos por muy gran atrevimiento y por muy gran osadía, y que van en contra de nuestro señorío los que de esto se trabajan. Y por eso mandamos y publicamos que de aquí adelante no sea osado ninguno de hacer cárcel nuevamente ni de usar de ella aunque la tenga hecha; y no pertenece a otro hombre ninguno poder mandar hacer cárcel ni meter hombres presos en ella, sino tan solamente al rey o a aquellos a quien él otorgase que lo puedan hacer.

Título 30. De los tormentos

Ley 1

Tormento es manera de pena que hallaron los que fueron amadores de la justicia para escudriñar y saber la verdad por él de los malos hechos que se hacen encubiertamente, que no pueden ser sabidos ni probados por otra manera, y tiene muy gran provecho para cumplirse la justicia y por los tormentos saben los jueces muchas veces la verdad de los malos hechos encubiertos, que no se podrían saber de otra manera. Y comoquiera que las maneras de los tormentos son muchas, pero las principales son dos; la una se hace con heridas de azotes, la otra es colgando al hombre que quieren atormentar de los brazos, y cargándole las espaldas y las piernas de lorigas o de otra cosa pesada.

Ley 2

Atormentar los presos no debe ninguno sin mandado de los jueces ordinarios que tiene poder de hacer justicia de ellos. Y aun los jueces no los deben mandar atormentar luego que fueren acusados, a menos de saber antes presunciones o sospechas ciertas de los yerros sobre los que son presos. Y otrosí decimos que no deben meter a tormento a ninguno que sea menor de catorce años, ni a caballero, ni maestro de leyes o de otro saber, ni a hombre que fuese consejero señaladamente del rey o del común de alguna ciudad o villa del reino, ni a los hijos de estos sobredichos, siendo los hijos hombres de buena fama, ni a mujer que fuese preñada hasta que para, aunque hallasen señales o sospechas sobre ella, y eso es por honra de la ciencia o por nobleza que tienen en sí, y a la mujer, por razón de la criatura que tienen en vientre, que no merece mal.

Ley 4

Los presos, después que fueren metidos a tormento hubieren dicho lo que supieren sobre aquello por lo que los atormentaron, y hubieren escrito los dichos de ellos, débenlos tornar a la cárcel o a la prisión en donde solían estar antes que los atormentasen. Y aunque alguno de ellos conociese cuando los atormentaban aquel yerro sobre el que lo metieron a tormento, no lo debe por ello el juez mandar ajusticiar luego, mas tenerlo en la prisión hasta otro día y después hacer que lo conduzcan otro día ante él y decirle así: «Tú sabes como te metieron ya a tormento, y sabes qué dijiste cuando te atormentaban; ahora que no te atormenta ninguno, di la verdad como es». Y si perseverase en aquello que entonces dijo y lo conociese, débelo entonces juzgar y mandar que hagan de él la justicia que el derecho manda. Pero si antes que hagan la justicia de él, hallare el juez en verdad que aquello que conoció no era así, mas que lo dijo con miedo de las heridas, o por despecho que había porque lo herían, o por locura, o por otra razón semejante de estas, débelo librar. Y si por ventura negase otro día delante del juez lo que conociera cuando lo atormentaban, si este fuese un hombre a quien atormentasen sobre hecho de traición o de falsa moneda o de muerte de hombre o de hurto o de robo o de otro yerro grande, puédelo meter a tormento aún dos veces en dos días departidos. Y si lo atormentasen sobre otro yerro ligero, débenlo aun meter a tormento otra vez; y si entonces no reconociera el yerro, debe el juez darle por libre, porque el conocimiento es hecho en el tormento, si no fuere confirmada después sin apremios, no es valedero.

Título 31. De las penas y de las naturalezas de ellas

Ley 1

Pena es enmienda de pecho o escarmiento que es dado según ley a algunos por los yerros que hicieron. Y dan esta pena los jueces a los hombres por dos razones: la una es porque reciban escarmiento de los yerros que hicieron; la otra es porque todos los que lo vieren y oyeron, tomen de ello ejemplo y apercibimiento para guardarse que no yerren por miedo de pena. Y los jueces deben mucho considerar antes que den pena a los acusados, y escudriñar muy acuciosamente el yerro sobre que le mandan dar, de manera que sea antes bien probado, considerando la manera en que fue hecho el yerro.

Ley 2

Pensamientos malos vienen muchas veces a los corazones de los hombres, de manera que se afirman en aquello que piensan para cumplirlo por hecho, y después de eso, estimar que si lo cumpliesen, que harían mal y arrepiéntense. Y por eso decimos que cualquier hombre que se arrepintiese del mal pensamiento antes que comenzase a obrar por él, que no merece por ello pena ninguna, porque los primeros movimientos de las voluntades no están en poder de los hombres. Mas si después que lo hubiesen pensado, hiciesen por cumplirlo, comenzándolo a meter en obra, aunque no lo cumpliesen del todo, entonces caerían en culpa y merecerían pena de escarnio según el yerro que hiciesen, porque erraron en aquello que era en su poder de guardarse si quisiesen.

Ley 3

Todos los yerros de que hicimos mención en este libro que los hombres hacen a sabiendas, con mala intención, son de cuatro maneras. La primera es de hecho, así como matar o hurtar o robar, y todos los otros yerros que los hombres hacen que son semejantes de estos. La segunda es por palabra, así como denostar o infamar o atestiguar o abogar falsamente, y en las otras maneras semejantes de estas que los hombres hacen y yerran unos contra otros por palabra. La tercera es por escritura, así como cartas falsas o malas cantigas o malos dictados o en las otras escrituras semejantes de estas que los hombres hacen unos contra otros, de que les nace deshonra o daño. La cuarta es por consejo, así como cuando algunos se juntan en uno y hacen junta o postura o cofradía para hacer mal a otros, o para recibir los enemigos en la tierra o para hacer levantamiento en ella o para acoger los ladrones y malhechores, o en las otras maneras semejantes de estas en que los hombres hacen malas hablas o toman malos consejos para hacer mal o daño los unos a los otros.

Ley 4

Siete maneras hay de penas por las que pueden los jueces escarmentar a los que cometen yerros, cuatro de ellas son mayores y tres menores. Y las mayores son estas: la primera es dar a un hombre pena de muerte o de perdimiento de miembro. La segunda es condenarlo a que esté en hierros para siempre, cavando en los metales del rey, o labrando en las otras labores o sirviendo a los que las hicieren. La tercera es cuando destierran a alguno para siempre a alguna isla o a algún lugar cierto tomándole todos sus bienes. La cuarta es cuando mandan a alguno echar en hierros, que yazga siempre preso en ellos, o en cárcel o en otra prisión; y tal prisión como esta no la deben dar a un hombre libre, sino a siervo, pues la cárcel no es dada para escarmentar los yerros, mas para guardar los presos tan solamente en ella hasta que sean juzgados. La quinta es cuando destierran a algún hombre por tiempo cierto a alguna isla o para siempre, no tomándole sus bienes. La sexta es cuando dañan la fama de alguno juzgándolo por infamado, o cuando lo quitan de algún oficio que tiene, por razón de algún yerro que hizo, que no se use de allí en adelante de oficio de abogado ni de personero, o que no aparezca antes los jueces cuando juzgaren hasta tiempo cierto o para siempre. La setena es cuando condenan a alguno a que sea azotado o herido públicamente por yerro que hizo o lo ponen por deshonra de él en la picota, o lo desnudan haciéndole estar al Sol untado de miel porque lo coman las moscas alguna hora del día.

Título 32. De los perdones

Misericordia y merced y gracia y perdón y justicia son bondades que señaladamente deben tener en sí los emperadores y los reyes y los otros grandes señores que han de juzgar y mantener las tierras

Ley 1

Perdón tanto quiere decir como liberar y perdonar a un hombre la pena que debía recibir por el yerro que había hecho. Y hay dos maneras de perdones. La una es cuando el rey o el señor de la tierra perdona generalmente a todos los hombres que tiene presos por gran alegría que tiene: así como por nacimiento de su hijo, o por victoria que hayan tenido sobre sus enemigos o por amor a Jesucristo, así como lo usan hacer el día del viernes santo de andulencias, o por otra razón semejante a estas. La otra manera de perdón es cuando el rey perdona a alguno por ruego de algún prelado o de rico hombre o de otra alguna honrada persona, o lo hace por servicio que le hubiese hecho a él o a su padre o a aquellos de cuyo linaje viene aquel a quien perdona, o por bondad o por sabiduría o por gran esfuerzo que hubiese en él de que pudiese venir algún bien a la tierra, o por alguna otra razón semejante de estas. Y tales perdones como estos no tiene otro poder de hacerlos sino el rey.

Ley 3

Misericordia y merced y gracia, aunque algunos hombres piensan que son una cosa, sin embargo diferencias hay entre ellas, pues misericordia es propiamente cuando el rey se mueve por piedad de sí mismo a perdonar a alguno la pena que debía tener doliéndose de él, viéndole cuitado o malandante, o por piedad que tiene de sus hijos o de su compañía. Y merced es perdón que el rey hace a otro por merecimiento de servicio que le hizo aquel a quien perdona o aquellos de quienes descendió, y es como manera de galardón. Y gracia no es perdón, mas es don que hace el rey a alguno que con derecho se podría excusar de hacerlo si quisiese. Y comoquiera que los reyes deben ser firmes en mandar cumplir la justicia, sin embargo pueden y deben usar a veces de estas tres bondades de misericordia y de merced y de gracia.

Título 33. De la significación de las palabras y de las cosas dudosas y de las reglas derechas

En todas las siete Partidas de este libro nuestro, hablamos de las personas de los hombres y de los hechos de ellos, y de todas las cosas que les pertenecen. Mas porque en las palabras y en la declaración de ellas podrían nacer contiendas entre los hombres sobre las razones de que allí hablamos, por eso queremos en este título tratar, en el fin de este libro nuestro, de como se deben entender y poner en claro las palabras dudosas cuando acaecieren.

Ley 1

Significación y declaración de palabras tanto quiere decir como demostrar y esforzarse por exponer claramente el propio nombre de la cosa sobre la que es la contienda, o si tal nombre no tuviese, mostrarla o averiguarla por otras señales ciertas. Y porque, según dijeron los sabios antiguos, las maneras de las palabras y de los hechos dudosos con como sin fin, por ello no podría un hombre poner doctrina cierta sobre cada una de las cosas que podrían acaecer; mas sobre las razones generales que son usadas hablaremos y según la semejanza de estas podríanse librar las otras que acaecen de nuevo.

Ley 2

Duda podría acaecer en los pleitos o en las posturas que los hombres ponen entre sí, y entonces debe considerar el juez ante quien acaece tal contienda, que si la postura sobre la que es la duda es tal que no pudiese valer sino según el entendimiento de la una parte, entonces la deben interpretar y declarar según el entendimiento de la parte por la que puede valer la postura, y no según la otra. Y esto sería como si, estando algún hombre en el reino de Murcia, prometiese dar o pagar alguna cosa a otro en Cartagena hasta dos días, y pasado este plazo demandase el uno al otro lo que le prometiera, si el que había de hacer la paga dijese que su entendimiento fuera pagárselo en Cartagena de ifrica, no en la otra, entonces el juez debe aclarar tal duda como esta, y que la paga se debe hacer en aquella Cartagena que es más cerca de aquel lugar donde fue hecha la postura; y por este caso pueden tomar ejemplo para todos los otros semejantes de él. Mas si por ventura la duda fuese tal que pudiese valer el pleito según el entendimiento de ambas partes, entonces debe el juez tomar el entendimiento que es más acercado a la verdad. Y esto sería como si un hombre comprase a otro alguna cosa por precio de mil maravedís y el vendedor dijese que su entendimiento fuera que estos maravedís fuesen de los negros, y el comprador entendiese que de los blancos, si tal duda como esta no se pudiese averiguar por carta ni por testigos, debe el juez considerar que si la cosa vendida es tal que pueda valer tanto como alguna de las partes dice, y no más; y según eso debe declarar tal duda y dar su juicio. Y si alguna de estas razones el juez no pudiere mirar ni ver, entonces debe interpretar la duda contra aquel que dijo la palabra o el pleito oscuramente a daño de él y a provecho de la otra parte.

Ley 4

Dilucidar ni esclarecer no puede ninguno las leyes sino el rey, cuando duda acaeciere sobre las palabras o el entendimiento de ellas; o la costumbre antigua que siempre hubiesen los hombres usado para así entenderla, eso mismo decimos de los privilegios y de las cartas del rey.

Ley 6

Usamos poner en algunas leyes de este libro nuestro diciendo: «Todo hombre que tal cosa hiciere, reciba tal pena». Y entendemos por aquella palabra que la prohibición pertenece tanto a la mujer como al varón, aunque no hagamos mención de ella, fuera de aquellas cosas en que señaladamente les otorgan mejoría las leyes de este libro nuestro. Otrosí decimos que dondequiera que sea hallado este nombre: ciudad, que se entienda todo aquel lugar que es cercado por los muros, con los arrabales y los edificios que se tienen con ellos.

Ley 8

Puerto es dicho lugar encerrado de montañas en la ribera del mar, donde se cargan y se descargan las naves y los otros navíos, otro tal sería todo lugar donde la nave pudiese invernar estando sobre anclas, mas los otros lugares donde pueden anclar, y no se podrían defender de gran tormenta, son dichos playa o piélago; y en España, a semejanza de estos, llaman puertos a los estrechos y fuertes lugares de las tierras que están en las grandes montañas. Otrosí decimos que ager en latín tanto quiere decir en romance como campo para sembrar en que no hay casa ni otro edificio, fuera de alguna cabaña o choza para tener o acoger los frutos. Y silva es dicha propiamente el lugar donde los hombres suelen cortar madera para casas o leña para quemar. Y prados son aquellos lugares de los que los hombres sacan frutos, así como el heno o la hierba. Y pascua llaman en latín a la dehesa o extremo donde pacen y se gobiernan los ganados. Y novale otrosí en latín quiere decir en romance como montaña o jara que es roturada de nuevo para meterla en labor.

Ley 12

Nacen a veces dos criaturas de una vez del vientre de alguna mujer y acontece que es dudoso cuál de ellos nació primero, y decimos que si el uno es macho y el otro es hembra, debemos entender que el varón nació primero, pues que no se puede averiguar el contrario. Y si fueren ambos varones, y no pudiere ser sabido cuál de ellos nació primero, entonces ambos deben tener aquella honra y herencia que tendría el que naciese primero, al que dicen primogenitus. Y esto ocurre cuando fuese en tal caso que se pudiese partir, si partir no se pudiese, así como señorío de tierra, que uno tan solamente lo hubiese de tener por costumbre o en otra manera, entonces decimos que por suerte se debe partir y aquel a quien cayere, que lo tenga.

Ley 13

Regla es ley dictada brevemente con palabras generales que muestran pronto la cosa sobre la que se habla, y tiene fuerza de ley, fuera de aquellas cosas sobre las que hablase alguna ley señalada de este libro nuestro que fuese contraria de ella, pues entonces debe ser guardado lo que la ley manda, y no lo que la regla dice. Y decimos que regla derecha es que todos los jueces deben ayudar a la libertad, porque es amiga de la naturaleza, que la aman no tan solamente los hombres, mas aun todos los animales. Otrosí decimos que servidumbre es cosa que aborrecen los hombres naturalmente y en manera de servidumbre vive no tan solamente el siervo, mas aun aquel que no es libre de poder ir del lugar donde mora a otro lugar. Y también dijeron los sabios antiguos que no es suelto ni libre de prisión aquel a quien han sacado de los hierros y tiénenlo por la mano y le dan guarda cortesanamente. Otrosí dijeron que no son contados como bienes aquellos de los que vienen al hombre más daño que provecho. Otrosí dijeron que la cosa que es nuestra, que no puede pasar a otro sin nuestra palabra o sin nuestro hecho. Y dijeron también que no hace daño a otro quien usa de su derecho. Y aun dijeron que aquellas cosas puede un hombre hacer que, cuando fueren hechas, sean sin malestanza de aquel que las hizo. Y otrosí dijeron que lo que un hombre hace o dice con encendimiento de saña no debe ser juzgado por firme antes de que se vea si persiste en ellos, no arrepintiéndose luego el que se movió. Y aun dijeron que ninguno no debe enriquecerse torticeramente con daño de otro y que la culpa de uno no debe impedir a otro que no tenga ni parte. Y dijeron aun que a los malhechores y a los aconsejadores y a los encubridores debe ser dado igual pena. Otrosí dijeron que aquel que calla no se entiende que siempre otorga lo que le dicen, aunque no responda; mas esto es verdad: que no niega lo que oye. Y aun dijeron que el que se deja engañar entendiéndolo, que no se puede querellar como hombre engañado, porque no le fue hecho encubiertamente, pues que lo entendía. Y también dijeron que no se deben hacer las leyes sino sobre las cosas que suelen acaecer a menudo; y por ello no tuvieron cuidado los antiguos de hacerlas sobre las cosas que ocurrieran pocas veces, porque tuvieron que se podrían juzgar por otro caso de ley semejante que se hallase en escrito. Otrosí dijeron que en las cosas que se hacen de nuevo debe ser considerado en cierto el provecho que sale de ellas antes que se apartan las otras que fueron antiguamente tenidas por buenas y por derechas. Y porque las otras palabras que los antiguos pusieron como por reglas de derecho, las hemos puesto y repartido por las leyes de este libro nuestro, así como antes dijimos, por ello, no queriéndolas doblar, tenemos que abundan los ejemplos que aquí hemos mostrado. Nos, el rey don Alfonso.

AQUÍ SE ACABA LA SETANA PARTIDA DE ESTE LIBRO

Libros a la carta

A la carta es un servicio especializado para
empresas,
librerías,
bibliotecas,
editoriales
y centros de enseñanza;
y permite confeccionar libros que, por su formato y concepción, sirven a los propósitos más específicos de estas instituciones.

Las empresas nos encargan ediciones personalizadas para marketing editorial o para regalos institucionales. Y los interesados solicitan, a título personal, ediciones antiguas, o no disponibles en el mercado; y las acompañan con notas y comentarios críticos.

Las ediciones tienen como apoyo un libro de estilo con todo tipo de referencias sobre los criterios de tratamiento tipográfico aplicados a nuestros libros que puede ser consultado en Linkgua-ediciones.com.

Linkgua edita por encargo diferentes versiones de una misma obra con distintos tratamientos ortotipográficos (actualizaciones de carácter divulgativo de un clásico, o versiones estrictamente fieles a la edición original de referencia).

Este servicio de ediciones a la carta le permitirá, si usted se dedica a la enseñanza, tener una forma de hacer pública su interpretación de un texto y, sobre una versión digitalizada «base», usted podrá introducir interpretaciones del texto fuente. Es un tópico que los profesores denuncien en clase los desmanes de una edición, o vayan comentando errores de interpretación de un texto y esta es una solución útil a esa necesidad del mundo académico.

Asimismo publicamos de manera sistemática, en un mismo catálogo, tesis doctorales y actas de congresos académicos, que son distribuidas a través de nuestra Web.

El servicio de «libros a la carta» funciona de dos formas.

1. Tenemos un fondo de libros digitalizados que usted puede personalizar en tiradas de al menos cinco ejemplares. Estas personalizaciones pueden

ser de todo tipo: añadir notas de clase para uso de un grupo de estudiantes, introducir logos corporativos para uso con fines de marketing empresarial, etc. etc.

2. Buscamos libros descatalogados de otras editoriales y los reeditamos en tiradas cortas a petición de un cliente.

www.ingramcontent.com/pod-product-compliance
Lightning Source LLC
Chambersburg PA
CBHW022038240626
47154CB00007B/2468